AF462685

N° 36. Jacq. Tenon

ORDONNANCE DU ROI,

PORTANT RÈGLEMENT GÉNÉRAL Concernant les Hôpitaux militaires.

Du 2 Mai 1781.

Le Comité qui a formé cette ordonnance a été présidé par M. De Veymerange. C'est son Secrétaire Mr. Berthet qui la rédige [illegible] sans de M. Regnier.

A PARIS,
DE L'IMPRIMERIE ROYALE.

M. DCCLXXXI.

A Versailles le 17. fevrier 1786,

Pour m'acquitter, Monsieur, de la Commission que vous m'avés donnée par la lettre que vous m'avés fait l'honneur de m'écrire, je me suis adressé à m. de Charrin chef du Bureau des hopitaux militaires: il m'a remis les ordonnances reglemens et traité cy joints: il m'a dit que c'étoit tout ce qu'il y avoit sur cette partie: je souhaite que vous y trouviés ce que vous pouvés desirer, relativement au travail dont vous êtes chargé, et dont je suis bien aise, parceque je suis persuadé qu'il ne pouvoit être en de meilleurs mains. je profite avec grand plaisir de l'occasion

Tenon.

de vous renouveller l'assurance de l'inviolable
atachement avec lequel j'ai l'honneur
d'être, Monsieur, Votre très humble et
très obéissant Serviteur.

Desainpaul

TABLE DES TITRES

Contenus dans cette Ordonnance.

ORDONNANCE

ORDONNANCE DU ROI,

PORTANT RÈGLEMENT GÉNÉRAL, Concernant les Hôpitaux militaires.

Du 2 Mai 1781.

DE PAR LE ROI.

LE ROI s'étant fait repréſenter toutes les Ordonnances concernant les Hôpitaux militaires, & voulant fixer les incertitudes qu'elles ont laiſſé ſubſiſter ſur pluſieurs points, SA MAJESTÉ a jugé à propos de raſſembler, en un ſeul corps, toutes les diſpoſitions, tant anciennes que nouvelles, qui ont été reconnues utiles, & de régler invariablement, en prenant pour baſe l'Ordonnance de 1747, toutes les parties de cette Adminiſtration, par une ſeule loi qui ſuppléant toutes celles précédemment rendues ſur ce ſervice, diſpenſât d'y avoir recours déſormais : En conſéquence, Elle a ordonné & ordonne ce qui ſuit:

TITRE PREMIER.

De la Réception des Soldats, Cavaliers, Chevaux-légers, Hussards, Dragons, Chasseurs à cheval, &c. dans les Hôpitaux.

ARTICLE PREMIER.

AUCUN Soldat, Cavalier, Chevau-léger, Hussard, Dragon ou Chasseur à cheval, ne sera reçu dans les Hôpitaux militaires, que sur un billet contenant son nom de famille ou de guerre, ses qualités de Sergent, Caporal, Grenadier, Chasseur, Canonnier, Bombardier, Mineur, Ouvrier, Fusilier, Maréchal-des-logis, Brigadier, Carabinier, Cavalier, Chevau-léger, Hussard, Dragon ou Chasseur à cheval; le lieu de sa naissance, l'Élection, Bailliage, Sénéchaussée ou Châtellenie dans le ressort desquels ledit lieu sera situé: ce billet devra être signé par l'Officier commandant la compagnie, & visé par celui chargé du détail, ainsi que par le Chirurgien-major du régiment, lequel sera tenu d'indiquer sommairement, au dos du billet de chaque homme, la nature de sa maladie.

2.

CES billets seront écrits lisiblement & sans aucune rature, sur les cartouches imprimés, qui seront envoyés pour cet effet, aux régimens, & dont le modèle est annexé à la présente Ordonnance. Il y sera fait mention, en toutes lettres, de la date du jour & du mois auxquels ces billets seront expédiés & délivrés.

3.

CHAQUE malade, en entrant à l'Hôpital, sera visité par les Médecin ou Chirurgien-major, & en leur absence par le Chirurgien de garde, lesquels vérifieront la nature de la maladie, & jugeront si le malade est dans le cas d'être admis à l'Hôpital.

4.

D'APRÈS ladite visite, les billets d'entrée seront timbrés, par celui qui l'aura faite, des mots *Fiévreux, Blessé, Vénérien*, suivant la nature de la maladie.

Les billets des entrans seront remis sur le champ au Contrôleur pour être enregistrés, ensuite au Directeur qui les gardera comme pièces justificatives de la réception des malades; lesdits billets seront visés dans le jour par les Médecin & Chirurgien-major, faute de quoi ils seront rejetés comme nuls.

5.

TOUS les Officiers des Troupes du Roi, les Cadets-gentilshommes, Gardes-du-corps, Chevaux-légers, Gendarmes, & tous autres de la Maison militaire de Sa Majesté, seront reçus dans les Hôpitaux militaires, sur un billet qui sera expédié par le Commissaire des guerres, & remis au Directeur de l'Hôpital.

6.

SERONT reçus dans les Hôpitaux militaires, tous les Soldats, Cavaliers, Chevaux-légers, Hussards, Dragons ou Chasseurs à cheval au service du Roi, ainsi que les bas Officiers & Soldats Invalides des compagnies détachées pour la garde des Places, Forts & Citadelles du Royaume, pour être traités, à l'avenir, de toutes maladies de quelque nature qu'elles soient.

7.

LES Soldats de recrue conduits par des Officiers, Sergens ou autres à ce préposés, seront également reçus dans les Hôpitaux militaires, sur les billets qui leur seront expédiés par les Officiers-conducteurs, Commissaires des guerres, Majors des Places ou Subdélégués; lesdits billets seront timbrés du nom des régimens dans lesquels lesdits Soldats, Cavaliers, Chevaux-légers, Hussards, Dragons ou Chasseurs de recrue devront servir.

A l'égard des Soldats de recrue qui se présenteroient seuls, ils ne seront reçus dans lesdits Hôpitaux que sur le vu du certificat d'engagement dont, en ce cas, ils devront être porteurs. Il sera fait mention dudit certificat sur le billet d'entrée, ainsi que du nom de l'Officier ou bas Officier qui l'aura signé.

Le payement des journées de maladie desdits Soldats de recrue, sera acquitté, conformément à ce qui est prescrit en l'article 10 du Titre XXI de la présente Ordonnance.

8.

DÉFEND Sa Majesté auxdits Commissaires des guerres, Majors des Places ou Subdélégués, d'expédier aucun billet à tout prétendu Soldat, Cavalier, Chevau-léger, Hussard, Dragon ou Chasseur à cheval qui se présentera seul & sans preuve d'engagement; leur enjoint au contraire de le faire livrer aux Officiers de Maréchaussée, qui l'examineront & en ordonneront, ainsi que de raison.

9.

LES Maréchaux-des-logis, Brigadiers & Cavaliers de Maréchaussée, seront reçus dans les Hôpitaux militaires, sur un billet d'entrée signé du Commandant de la Brigade.

10.

LES bas Officiers & Soldats des régimens des Grenadiers-royaux & Provinciaux, & les Gardes-côtes, y seront reçus pareillement, pendant le temps seulement de l'assemblée des Corps. Il sera expédié, pour les uns & pour les autres, des billets d'entrée dans la forme prescrite ci-dessus pour toutes les Troupes.

11.

DANS le cas où les Troupes en marche laisseroient en arrière des traîneurs, qui, se trouvant malades, ne pourroient prendre de leurs Officiers des billets d'entrée

dans

dans la forme ci-dessus, les Commissaires des guerres, ou les Subdélégués des Intendans des Provinces, en l'absence des Commissaires des guerres, ou enfin au défaut de ces derniers, les Commandans ou Majors des Places dans lesquelles ou près desquelles lesdites Troupes auront passé, expédieront sur les mêmes cartouches qui leur seront fournis, les billets d'entrée qu'ils signeront pour les Capitaines, Majors ou autres Officiers chargés du détail du régiment, & ils en donneront sur le champ avis à l'un de ces Officiers.

12.

A l'égard des Soldats, Cavaliers, Chevaux-légers, Hussards, Dragons ou Chasseurs à cheval, absens par congé ou sortant des Hôpitaux, qui tomberont ou retomberont malades avant l'expiration de leurs congés, ou en revenant joindre leur corps, il ne leur sera expédié de billets d'entrée par les Commissaires des guerres, Majors des Places ou Subdélégués, que sur le vu du congé de semestre ou limité, ou du certificat de convalescent dont ils devront être porteurs.

13.

DÉFEND Sa Majesté auxdits Commissaires des guerres, Majors des Places, ou Subdélégués des Intendans, d'expédier aucun billet d'entrée à aucun Soldat, Cavalier, Chevau-léger, Hussard, Dragon ou Chasseur à cheval, dont la compagnie ne sera point en garnison dans la Place ou en quartier dans les environs, ou qui n'y aura point passé en route; à moins que ledit Soldat, Cavalier, &c. ne soit porteur d'un billet de sortie ou d'un congé limité expédié dans la forme prescrite par les Ordonnances; ce dont ils devront faire mention dans les billets d'entrée qu'ils lui délivreront.

14.

PERMET néanmoins Sa Majesté d'admettre au traitement, dans les Hôpitaux, tout Soldat réformé se rendant à l'Hôtel royal des Invalides ou se retirant chez lui, pendant six semaines seulement, à compter de la date de son congé absolu ou de réforme; & les dépenses dudit traitement seront portées en entier au compte du Roi; bien entendu que lesdits Soldats réformés qui auront été reçus dans ledit délai, pourront être conservés dans lesdits hôpitaux tout le temps que les Médecins & Chirurgiens-majors jugeront nécessaire de les y faire rester.

15.

Les Invalides partant de l'Hôtel pour se rendre aux compagnies détachées, ou sortant desdites compagnies pour revenir à l'Hôtel, ne jouissant d'aucune solde, seront reçus & traités au compte du Roi.

16.

Enjoint Sa Majesté aux Commissaires des guerres, Majors des Places ou Subdélégués, de faire arrêter & constituer prisonnier tout Soldat, Cavalier, Chevau-léger, Hussard, Dragon ou Chasseur à cheval, porteur d'un congé limité, expiré depuis un temps assez considérable, pour le faire présumer libertin, vagabond ou déserteur; comme aussi tout Soldat, Cavalier, Chevau-léger, Hussard, Dragon ou Chasseur à cheval, porteur d'un billet de sortie d'un Hôpital, d'ancienne date, & qui ne se trouvera pas sur la route dudit Hôpital pour aller rejoindre son corps; sauf le cas néanmoins où ledit Soldat, Cavalier, Chevau-léger, Hussard, Dragon ou Chasseur à cheval, justifieroit d'une excuse légitime, soit par écrit, soit par le témoignage de gens non suspects.

17.

Enjoint pareillement Sa Majesté auxdits Commissaires des guerres, Majors des Places ou Subdélégués, de faire arrêter tous Soldats, Cavaliers, Chevaux-légers, Hussards, Dragons ou Chasseurs à cheval, dont les régimens auront passé sur la route, & qui se trouveront en arrière de plus de trois jours, sauf le cas d'une excuse légitime justifiée comme dessus.

18.

LESDITS Commiſſaires des guerres, Majors des Places & Subdélégués qui auront fait arrêter un ou pluſieurs Soldats, Cavaliers, Chevaux-légers, Huſſards, Dragons ou Chaſſeurs à cheval, dans les cas exprimés dans les deux articles précédens, en donneront avis ſur le champ au Commandant de la Province, & au Secrétaire d'État ayant le département de la Guerre.

19.

LE jour d'une bataille, la formalité des billets n'étant pas compatible avec la célérité qu'exige le ſervice, les Soldats, Cavaliers, Chevaux-légers, Huſſards, Dragons ou Chaſſeurs bleſſés, ſeront envoyés & reçus dans l'Hôpital ambulant de l'armée, ainſi que dans les plus prochains, ſans billet; mais dans le cours de la huitaine ſuivante, chaque corps ou régiment ſera tenu de députer un Officier pour aller dans leſdits hôpitaux reconnoître leſdits Soldats, Cavaliers, &c. qui y auront été tranſportés; & pour lors, ledit Officier député expédiera le billet de chaque Soldat, Cavalier, Chevau-léger, Huſſard, Dragon ou Chaſſeur à cheval; dans lequel billet il fera mention de la date de l'action, & ſignera en ſa qualité de Député.

20.

FAUTE par les corps ou régimens d'avoir fait expédier par l'Officier député, les billets d'entrée dans la huitaine, les Officiers deſdits corps ou régimens en demeureront reſponſables en leur nom, & le traitement en entier des Soldats, Cavaliers, Chevaux-légers, Huſſards, Dragons ou Chaſſeurs à cheval, leur ſera retenu.

21.

LES priſonniers de guerre, malades ou bleſſés qui ſeront envoyés dans les Hôpitaux du Roi, y ſeront reçus ſur un état contenant, autant que faire ſe pourra, les noms des régimens & des compagnies, les noms de famille & de guerre, avec les qualités & les lieux de la naissance : cet état sera fait par le Commissaire des guerres, en présence du Major de la Place, qui le signera, & auquel il en sera remis un double, s'il le requiert. Au bas de cet état ledit Commissaire expédiera l'ordre au Directeur de recevoir lesdits prisonniers dans l'hôpital, & ledit état tiendra lieu de billets d'entrée.

22.

LES prisonniers à la garde du Prévôt de l'armée, seront aussi reçus dans les Hôpitaux du Roi, sur le billet dudit Prévôt, qui sera visé par le Contrôleur, & ensuite remis au Directeur pour le garder & servir de pièce justificative de l'entrée desdits prisonniers à l'Hôpital.

23.

LES prisonniers de guerre, ainsi que ceux qui seront conduits aux Hôpitaux, sur les billets du Prévôt, seront consignés à la garde de l'hôpital ; & l'Officier qui la commandera, mettra des sentinelles dans les salles, autant qu'il en sera besoin.

TITRE II.

Du transport des Malades & Blessés d'un Hôpital dans un autre.

ARTICLE PREMIER.

LORSQUE les malades d'un Hôpital surchargé, seront envoyés dans un autre Hôpital, le Directeur de l'Hôpital d'où ils sortiront fera passer avec eux, au Directeur de l'Hôpital où ils seront transférés, un état contenant le nom de leur régiment, celui de leur compagnie, leurs qualités, leurs noms de famille & de guerre, les lieux de leur naissance, les Élections, Bailliages, Sénéchaussées & Châtellenies dans le ressort desquels lesdits lieux sont situés, & la date de leur entrée, conformément aux billets

billets de leur réception : cet état sera visé par le Commissaire des guerres, & contrôlé par le Contrôleur, s'il y en a.

2.

Le Directeur, en expédiant l'état de transport ou évacuation ci-dessus, sera mention sur le registre des entrées à l'Hôpital, de la sortie des malades ou blessés qui auront été transférés, & de l'Hôpital où ils auront passé ; au moyen de quoi les Officiers seront instruits, quand ils le requerront, de ce que seront devenus leurs Soldats.

3.

L'état d'évacuation tiendra lieu de billets d'entrée dans l'Hôpital où les malades auront été transférés, après néanmoins qu'il aura été vérifié par le Commissaire des guerres dudit Hôpital, & contrôlé par le Contrôleur, s'il y en a ; lesquels feront mention au bas dudit état, des malades ou blessés qui se seroient échappés ou qui seroient morts pendant la route, suivant la déclaration de ceux qui les auront conduits : cet état sera remis ensuite au Directeur, pour être par lui enregistré & gardé comme pièce justificative de l'entrée des Soldats, Cavaliers, Chevaux-légers, Hussards, Dragons ou Chasseurs à cheval.

4.

L'évacuation des malades ou blessés d'un Hôpital dans un autre, ne sera ordonnée que dans le cas d'une nécessité absolue ; on n'y comprendra que les malades ou blessés qui seront en état de soutenir la fatigue du chemin, ou le mouvement du transport ; ils seront choisis à cet effet, par les Médecin & Chirurgien-major, d'après les ordres qu'ils auront reçus du Commissaire des guerres.

5.

Il ne sera fait aucun envoi de malades ou blessés d'un Hôpital dans un autre, que préalablement le Commissaire des guerres & le Contrôleur de l'Hôpital où lesdits malades ou blessés devront passer, n'en aient été avertis, en obſervant de leur donner un temps ſuffiſant pour qu'ils puiſſent faire préparer tout ce qui eſt néceſſaire pour les recevoir; & conformément à l'article 25 du titre VIII ſuivant, envoyer vers le milieu de la route, la halte en bouillon, boiſſon & alimens.

6.

CHAQUE envoi de malades ou bleſſés ſera toujours accompagné d'une quantité de Chirurgiens & Infirmiers proportionnée à leur nombre, afin qu'ils puiſſent recevoir en chemin les ſecours dont ils auront beſoin.

TITRE III.

De l'Armement, Habits, Argent & autres Effets des Malades, à leur entrée ou ſortie des Hôpitaux.

ARTICLE PREMIER.

LE Directeur de chaque Hôpital, en préſence du Contrôleur ou du Commis aux ſalles, fera un mémoire des armes, habit, argent, effets que chaque Soldat, Cavalier, Chevau-léger, Huſſard, Dragon ou Chaſſeur à cheval, aura apportés à l'Hôpital : ce mémoire qui contiendra la date du jour de l'entrée, ſera ſigné par le Contrôleur ou Commis aux ſalles, & ſera fait double; dont l'un demeurera attaché auxdits effets, pour ſervir d'étiquette dans le magaſin où ils seront dépoſés ; l'autre ſera remis audit malade, pour retirer à ſa ſortie ce qu'il aura apporté, ou ſervira à en conſtater l'objet s'il vient à mourir.

2.

EN cas de plainte de la part du Soldat, Cavalier, Chevau-léger, Huſſard, Dragon ou Chaſſeur, de la rétention des effets par lui apportés, le Commiſſaire des guerres lui fera rendre juſtice.

3.

Il sera permis à chaque Soldat, Cavalier, Chevau-léger, Hussard, Dragon ou Chasseur, de garder dans les salles ce qu'il jugera lui être nécessaire, à l'exception néanmoins des armes & de l'argent monnoyé; & en ce cas, il en sera fait mention sur l'un & l'autre mémoires.

4.

Aussi-tôt que le Contrôleur ou Commis aux salles aura connoissance de la mort de quelque Soldat, Cavalier, &c. il se fera sur le champ représenter par l'Infirmier, le mémoire & les effets que ledit Soldat avoit gardés pour son usage, & il les fera rejoindre aux autres dans le magasin à ce destiné.

5.

Les Infirmiers demeureront responsables des effets gardés par les malades pour leur usage, lesquels se trouveroient avoir été détournés; le Contrôleur ou le Commis aux salles en rendra compte au Commissaire des guerres, pour les faire punir suivant l'exigence des cas.

6.

Le Contrôleur ou Commis aux salles, dans l'instant de la remise faite par l'Infirmier, du mémoire d'armes, argent & effets appartenans au Soldat, Cavalier, Chevau-léger, Hussard, Dragon ou Chasseur décédé, ainsi que des autres effets trouvés près de lui, écrira sur ledit mémoire le jour de la mort, & le remettra au Commissaire des guerres qui l'enverra au régiment, pour en instruire les Chefs.

7.

L'armement, habillement, argent ou autres effets appartenans aux Soldats décédés, seront remis, sur les ordres du Commissaire des guerres, à ceux qui seront chargés par les Régimens, de représenter les mémoires signés par les Directeurs, & ce, dans l'an & jour de la date desdits mémoires, passé lequel temps ils demeureront nuls, & le Commissaire des guerres ayant la police de l'Hôpital, rendra compte des effets qui n'auroient point été réclamés, à l'Intendant de la Province, qui lui fera connoître les intentions du Roi, sur la destination des armes & effets.

TITRE IV.

De la distribution des Malades dans les salles des Hôpitaux

ARTICLE PREMIER.

IL sera désigné dans chaque Hôpital, suivant la disposition des lieux, différentes salles pour y traiter les différentes espèces de maladies, en observant que celles qui seront affectées aux maladies contagieuses & aux maux vénériens, soient sans communication avec les autres, ou au moins en soient le plus éloignées; ce qui se pratiquera pour les Hôpitaux qui s'établissent à la suite des Armées, autant qu'il sera possible.

2.

POUR prévenir la communication des maladies contagieuses, le Médecin chargera le Chirurgien de garde, de placer ceux qui en sont attaqués, chacun dans le lieu qui lui conviendra, suivant l'espèce de sa maladie; & au cas que lors de la visite, il reconnût que quelque malade eût été mal placé, il le fera passer sur le champ, dans le lieu où il auroit dû être mis.

3.

LE Médecin n'admettra, ni ne souffrira pareillement, parmi les malades soumis à son traitement, aucun de ceux attaqués de mal vénérien; il les renverra au Chirurgien-major pour en faire la visite, & les faire placer dans les lieux à eux affectés.

4. LES

4.

LES Officiers & ceux traités comme tels, de même que les Cadets-gentilshommes, seront placés dans les salles particulières qui leur seront destinées.

5.

LES lits, dans chacune des salles, seront numérotés, pour la facilité des visites des Médecins, Chirurgiens-majors & Apothicaires, ainsi que pour la distribution des alimens & médicamens.

6.

TOUS les malades, sans exception, seront couchés seuls, jusqu'à concurrence du nombre de lits fixé pour chaque hôpital; en conséquence, il ne sera plus permis, excepté dans les cas de foule, de coucher deux malades dans le même lit; & si l'on y étoit forcé par l'affluence des malades, le doublement devra se faire successivement par les malades qui pourroient être couchés deux à deux, avec le moins d'inconvéniens. Mais, dans tous les cas, les blessés, & notamment les blessés de grandes blessures, seront toujours couchés seuls, & même en temps de guerre, sur des fournitures entières, autant qu'il sera possible.

TITRE V.

Des visites des Médecin & Chirurgien-major.

ARTICLE PREMIER.

LES visites des Médecins se feront régulièrement à sept heures du matin, du 1.er Octobre au 1.er Mai; ou plus tôt, si le nombre des malades l'exige, pour que la distribution des remèdes se fasse toujours au moins une heure avant celle des alimens. Le Chirurgien-major fera son pansement un peu avant la visite du Médecin, afin que s'il y avoit quelque cas grave, comme fièvre & maladie chronique, ils puſſent en conférer enſemble & agir, en tout, pour le bien du ſervice. Les uns & les autres feront leur ſeconde viſite à quatre heures de l'après-midi.

2.

INDÉPENDAMMENT des viſites du matin & du ſoir, veut Sa Majeſté qu'ils en faſſent d'autres, toutes les fois que la gravité des maladies ou des bleſſures l'exigera. En conſéquence Elle ordonne au Chirurgien de garde, dans tous les cas graves & périlleux, de faire avertir les Officiers de ſanté ſupérieurs, pour qu'ils ſe rendent à l'Hôpital, ſans retard, à l'effet de donner à ces malades & bleſſés tous les ſecours dont l'application différée pourroit entraîner des ſuites fâcheuſes.

3.

LES Médecin & Chirurgien-major ſeront devancés à l'Hôpital par les Chirurgiens & Apothicaires-élèves, qui s'y rendront, avant la viſite du matin, pour préparer les cahiers de celle du jour, par ordre de numéro & par nom des malades qui occuperont chaque lit : ces cahiers, ſur leſquels leſdits Élèves devront écrire, ſous la dictée des Médecin & Chirurgien-major, la formule de leurs ordonnances ſeront de douze feuilles de papier, liées, dans les grands Hôpitaux, & de ſix feuilles ſeulement dans les autres.

4.

LES Médecin & Chirurgien-major auront toujours devant les yeux, en faiſant leur viſite, le cahier de celle du jour précédent (indépendamment du tableau, dont il ſera parlé ci-après), afin d'obſerver plus ſûrement ſi le malade ou bleſſé aura été traité, tant pour les alimens que pour les remèdes, comme il avoit été ordonné, & pour juger de leur effet.

5.

POUR faciliter leſdites viſites des Médecin & Chirurgien-major, il ſera attaché au lit de chaque malade un tableau, dont le modèle eſt ci-annexé, contenant en titre le numéro du lit, le nom du malade, le genre & l'époque de sa maladie & le jour de son entrée à l'Hôpital: ce tableau sera divisé en plusieurs colonnes, dans lesquelles les Officiers de santé, ou les Élèves sous leurs ordres, porteront, chaque jour, les alimens & médicamens ordonnés, ainsi que les symptômes & variations de la maladie.

6.

LORSQUE ce tableau, destiné à mettre journellement sous les yeux des Officiers de santé, l'état de chaque malade, le cours de sa maladie & le détail des moyens curatifs qui auront été successivement employés, sera rempli avant la guérison, il y sera suppléé par un tableau pareil, & par d'autres encore s'il en est besoin, jusqu'à la sortie du malade, de l'Hôpital; & ces tableaux resteront à la disposition du Contrôleur ou du Directeur, pour être représentés à qui il appartiendra.

7.

LE Médecin sera accompagné, lors de sa visite, d'un Élève-chirurgien, qui lui rendra compte des cas relatifs à la Chirurgie, & écrira, sur son cahier, les saignées ou topiques qui seront ordonnés, & le régime qui sera prescrit.

8.

IL sera pareillement suivi d'un Apothicaire, qui lui rendra raison des effets des remèdes ordonnés précédemment, de l'administration desquels il aura été particulièrement chargé; cet Apothicaire écrira sur son cahier les ordonnances du Médecin.

9.

L'INFIRMIER de garde & celui de chaque quartier suivront aussi, pour recevoir les ordres du Médecin, concernant les malades.

10.

LE Chirurgien-major visitera les blessés, immédiatement après le pansement, afin que l'idée plus récente de l'état où il aura trouvé leurs blessures, lui serve à régler

TITRE V.

ensuite plus judicieusement la qualité & quantité des alimens, & à ordonner les remèdes convenables & nécessaires. Il sera accompagné, de même que le Médecin, par un Elève-chirurgien, & par un Apothicaire qui écriront ses ordonnances, lit par lit, & blessé par blessé, & suivi par les Infirmiers de garde & de quartier, qui recevront ses ordres.

11.

Les Médecin & Chirurgien-major, signeront & dateront journellement leurs visites sur les cahiers que tiendront les Élèves-chirurgiens & Apothicaires.

12.

Aussi-tôt que les visites seront finies, les Élèves qui les auront suivies, se rassembleront en présence des Médecin & Chirurgien-major, pour collationner le cahier écrit par l'un, sur celui écrit par l'autre. L'Élève-chirurgien fera un relevé des ordonnances concernant le régime, conformément à l'article 5 du titre VIII; après l'avoir signé, il le remettra au Directeur, pour qu'il veille à leur exacte observation; l'Apothicaire ira de son côté porter son cahier à la Pharmacie, où les remèdes ordonnés seront préparés pour être ensuite distribués dans les salles.

13.

Lorsque les cahiers de visite seront remplis, ils seront remis tant par le Chirurgien que par l'Apothicaire, au Directeur, qui les conservera pour les représenter au besoin.

14.

Attendu qu'il n'appartient qu'au Médecin & au Chirurgien-major, de régler les médicamens & le régime des malades ou blessés, chacun en ce qui les concerne: Défend Sa Majesté à toutes personnes, même aux Officiers de ses Troupes, de s'opposer à l'exécution des ordonnances desdits Médecin & Chirurgien-major, ni de prescrire rien de leur propre mouvement sur ce service.

TITRE VI.

TITRE VI.

Des Opérations & Panſemens.

ARTICLE PREMIER.

LE Chirurgien-major fera toutes les opérations de conſéquence, ſans les confier à ſes Élèves, & s'il leur arrivoit d'en faire quelques-unes de cette eſpèce, ou de changer aucun remède ou régime, de leur autorité ou ſans ordre, ils ſeront ſur le champ privés de leur emploi.

2.

LES Chirurgiens-majors pourront néanmoins, de l'agrément du Commiſſaire des guerres, permettre aux Aides-majors-chirurgiens, ou Sous-aides-majors, de faire, mais toujours ſous leurs yeux, les opérations dont ils les jugeront capables.

3.

LE Médecin ſera averti par le Chirurgien-major, pour aſſiſter à toutes les grandes opérations de Chirurgie, de même que de ſa part le Médecin avertira ledit Chirurgien-major, dans les cas qui le requerront, & ils ſe concerteront enſemble, ſur tout ce qui ſera relatif au ſoulagement & à la guériſon des malades & bleſſés.

4.

LE Chirurgien-major panſera ou fera panſer les bleſſés, autant de fois qu'il ſera néceſſaire; il tiendra la main à ce que les panſemens ne ſoient commencés, que lorſque tous ſes appareils ſeront prêts, afin de ne point expoſer les plaies & ulcères à l'impreſſion de l'air; il aura ſoin de faire brûler du genièvre ou autres parfums, devant & pendant le panſement.

5.

LES Élèves-chirurgiens qui ſuivront les panſemens &

visites des Chirurgiens-majors, auront soin de tenir leurs appareils prêts & suffisamment garnis de bandes, compresses & onguens usuels, le tout dans la plus grande propreté, & l'Aide-major, le Sous-aide-major ou le premier Élève, sera spécialement chargé de veiller à ce que les appareils soient toujours disposés, dès la veille, pour servir au moment du besoin, ce dont ils répondront personnellement.

6.

FAIT Sa Majesté très-expresses inhibitions & défenses aux Directeurs de ses Hôpitaux, de fournir pour le pansement de quelque blessure que ce puisse être, ou pour les compositions de médicamens, aucunes eaux-de-vie de grain, à peine de quinze cents livres d'amende, & de punition exemplaire en cas de récidive : défend pareillement aux Chirurgiens & Apothicaires de s'en servir, à peine de destitution de leur emploi ; leur enjoint, au cas qu'on leur en présente, d'en avertir sur le champ le Commissaire des guerres, afin qu'il en dresse son procès-verbal ; & audit Commissaire des guerres, d'envoyer ledit procès-verbal au Secrétaire d'État ayant le département de la Guerre, & à l'Intendant de la Province, pour y statuer ainsi qu'au cas appartiendra.

TITRE VII.

Des Amphithéâtres & Cours de Médecine & de Chirurgie dans les principaux Hôpitaux.

ARTICLE PREMIER.

LES Amphithéâtres de Lille, Metz & Strasbourg n'ayant été supprimés, que parce qu'il avoit été représenté qu'ils étoient insuffisans pour l'objet de leur destination, Sa Majesté a reconnu que, soit en leur donnant plus d'étendue, soit en augmentant leur nombre, de même que celui de Sujets qui y seroient admis à l'avenir, Elle trouveroit dans cette inſtitution tous les avantages qu'Elle en attendoit. En conſéquence, Elle a jugé à propos de rétablir les Amphithéâtres de Lille, Metz & Straſbourg, & d'en établir deux nouveaux, l'un à Breſt & l'autre à Toulon; voulant qu'ils ſoient dirigés conformément au Règlement de ce jour, où Elle a preſcrit tout ce qui les concerne.

2.

Il ſera fait chaque année, dans leſdits Amphithéâtres, des Cours de Médecine, Chirurgie, Anatomie, Pharmacie, Chimie & Botanique; & l'objet de ces établiſſemens étant de former des Sujets inſtruits pour le ſervice des Hôpitaux militaires & des Armées, veut Sa Majeſté que toutes les places vacantes de Médecins titulaires, de Chirurgiens-majors des Hôpitaux & des Régimens, d'Aides-majors, Sous-aides-majors & Élèves-chirurgiens & Apothicaires appointés dans les Hôpitaux militaires du royaume, ne ſoient remplies à l'avenir que ſuivant les formes établies par le ſuſdit Règlement.

3.

Indépendamment des Cours établis dans les Amphithéâtres, il en ſera fait dans les différens Hôpitaux par les Médecin & Chirurgien-major, afin d'entretenir les Élèves qui ſont ſous leurs ordres dans l'exercice de leur art. En conſéquence, le Médecin fera tous les ans un Cours de Médecine; le Chirurgien-major, pendant l'hiver, un Cours d'Anatomie & d'Opérations; & pendant l'été, un Cours d'Oſtéologie & de Bandages, auxquels tous les Élèves ſeront tenus d'aſſiſter.

4.

Pourront les Médecin & Chirurgien-major admettre à ces Cours, des Élèves de la ville, avec l'agrément du Commiſſaire des guerres, qui en limitera le nombre.

TITRE VIII.

Des Alimens & de leur distribution.

ARTICLE PREMIER.

LA portion d'alimens, pour chaque malade ou blessé, sera, comme elle a toujours été, par jour, d'une livre de viande, poids de marc, deux tiers de bœuf & l'autre tiers de veau ou de mouton; laquelle livre, cuite & sans os, reviendra à dix onces; de vingt-quatre onces de pain, entre le bis & le blanc, aussi poids de marc, de pur froment, & d'une chopine de Paris, vin blanc ou rouge, avec le sel & le vinaigre nécessaires.

2.

IL sera aussi fourni par les Directeurs, des œufs dans les bouillons, des œufs frais, de la tisane commune pour les boissons ordinaires, de la panade, du lait, de la bouillie, du riz & des pruneaux, mais dans le cas seulement où ces alimens auront été ordonnés comme régime par les Médecin & Chirurgien-major, attendu que lesdites denrées ne sont point partie de la portion ordinaire.

3.

A l'égard des Officiers, il leur sera fourni le double en valeur; mais pour éviter toutes difficultés sur ce point, les Médecin & Chirurgien-major, d'après le régime qu'ils croiront devoir prescrire à chacun desdits Officiers, règleront, avec l'approbation du Commissaire des guerres, ce qui devra être mis de viande à la marmite pour eux, les légers alimens & la quotité de pain qui leur seront fournis; de manière que le Directeur de l'Hôpital puisse connoître précisément, d'après les feuilles de visite, ce qu'il devra donner en alimens ou légers alimens, aux Officiers malades.

4. LORSQUE

4.

LORSQUE les Médecin & Chirurgien-major jugeront l'usage du bouillon gras nuisible à quelques malades, & trouveront à propos d'y substituer un autre régime, ils remettront au Contrôleur, la veille du jour où ce régime devra commencer, l'état des malades auxquels ils l'auront prescrit, afin qu'il en prévienne sur le champ le Directeur, qui, dans ce cas, sera dispensé de fournir la viande pour lesdits malades, à charge par lui d'y suppléer par la fourniture de ce qui aura été prescrit par les Médecins & Chirurgiens. Les Contrôleurs en feront l'observation sur les états de mouvement, qu'ils remettront chaque jour au Commissaire des guerres.

5.

LES alimens, pour la journée entière du malade, seront fixés, dans la visite du matin, par les Médecin & Chirurgien-major, sur les feuilles de ladite visite, lesquelles seront partagées par des colonnes où seront inscrits d'un côté les alimens du matin, & de l'autre les alimens du soir, conformément au modèle annexé à la présente Ordonnance.

6.

LA viande sera belle, bien saignée & de bonne qualité, sans qu'il puisse y être admis de têtes, cœurs, fressures & pieds; elle sera examinée par le Contrôleur lors de la livraison, & au cas qu'il la trouve défectueuse, il en avertira, sur le champ, le Commissaire des guerres, ou au défaut du Commissaire des guerres, le Major de la Place, ou autre personne publique.

En cas de défectuosité, il en sera dressé procès-verbal, & la viande jetée à la rivière, ou enterrée en présence de témoins, sera remplacée par d'autre de la plus belle qualité, prise dans les boucheries de la Ville, aux frais du Directeur, qui aura son recours sur ledit Boucher; lequel sera condamné, pour avoir fourni de la mauvaise viande, à la perte du prix d'icelle, & à une amende de vingt-quatre livres pour la première fois, applicable aux pauvres du lieu; & en cas de récidive, de cinquante livres, & à la résiliation de son marché.

7.

LES pesées de la viande du matin & du soir, seront faites en présence du Contrôleur ou du Commis aux salles, & seront proportionnées au nombre des malades, blessés, infirmiers, & des Chirurgiens & Employés, qui ne recevront pas leur nourriture en argent, à raison d'une demi-livre pour chacun, par chaque pesée; observant de les augmenter ou diminuer, eu égard au nombre de ceux qui seront entrés ou sortis. La pesée étant faite exactement, la viande sera mise dans un lieu, dont la clef sera donnée au Sergent de garde; & à l'heure accoutumée, le Sergent se trouvera présent, pour faire ouverture du lieu où ladite viande aura été déposée; elle en sera tirée & mise dans la marmite devant lui. Il y aura toujours une Sentinelle postée à la cuisine, à qui il sera ordonné de ne laisser tirer de la marmite aucun morceau jusqu'à la cuisson parfaite.

8.

S'IL arrivoit qu'à l'heure de la pesée le Boucher n'eût pas pris ses précautions pour fournir la quantité de viande nécessaire, il en sera acheté de la plus belle aux frais de qui il appartiendra; & le Boucher sera condamné par le Commissaire des guerres en dix-huit livres d'amende applicable comme dessus.

9.

LE pain sera de pur froment, de bonne qualité; celui qui se trouvera fort peu cuit, ou brûlé, sera rejeté; & au cas qu'il soit mêlé de seigle ou autres grains, le Contrôleur, ou le Commis aux salles en avertira le Commissaire des guerres qui le fera visiter, en dressera procès-verbal, en fera fournir d'autres aux frais du Boulanger ou du Directeur; & suivant l'exigence du cas, ils seront condamnés en cent livres d'amende, sauf plus grande peine s'il y échet.

10.

LE vin rouge & blanc pourra être du pays, choisi de bonne qualité & vieux, autant qu'il sera possible; & si à la rigueur l'on n'en pouvoit fournir que de la dernière récolte, la distribution n'en commencera au plus tôt qu'au 1.er Avril suivant. Les malades attaqués de cours de ventre & dyssenterie, ne seront fournis que de vin rouge; & le vin blanc sera donné aux autres malades, à l'exception néanmoins des cas où l'usage du vin blanc auroit été interdit par l'ordonnance du Médecin ou du Chirurgien-major.

11.

DANS les pays qui ne produisent point de vin, il pourra y être suppléé par l'usage de la bière, à la charge néanmoins qu'il sera donné du vin aux malades ou blessés comme remède ou potion cordiale, lorsqu'il sera ainsi ordonné par les Médecin ou Chirurgien-major,

12.

LES caves, celliers & magasins de la direction seront visités, au moins une fois par mois, par le Commissaire des guerres, assisté du Contrôleur, du Médecin & du Chirurgien-major; & au cas qu'il s'y trouve du vin défectueux ou gâté, le Commissaire des guerres le fera répandre en leur présence, & en ordonnera le remplacement; il en sera usé de même à l'égard de la bière.

13.

L'HEURE de la distribution des alimens sera fixée, dans chaque Hôpital, à dix heures du matin pour le dîner, & à quatre ou cinq heures du soir pour le souper; laissant néanmoins Sa Majesté, au Commissaire des guerres, la liberté de changer quelque chose à cette fixation, de concert avec le Médecin & le Chirurgien, suivant l'exigence des cas.

14.

LA viande étant cuite vers l'heure fixée pour la distribution, elle fera coupée par portions en préfence du Contrôleur ou du Commis aux falles & du Sergent de garde qui fera appelé à cet effet. Il en fera ufé de même pour les portions de pain & de vin. Le Contrôleur ou le Commis aux falles goûtera le bouillon pour connoître s'il eft bon, ainfi que le pain, la viande & le vin; & s'il y trouve quelque chofe de défectueux, il en avertira, fur le champ, le Commiffaire des guerres, afin qu'il donne fes ordres pour y remédier.

15.

Les Médecin & Chirurgien-major affifteront pareillement, foit dans la cuifine, foit dans les falles, à la diftribution des portions, pour les goûter, & avertir le Commiffaire des guerres s'ils y trouvent quelque défectuofité. Enfin le Commiffaire goûtera auffi tous les jours, lefdites portions, ou au moins auffi fouvent que fes fonctions pourront le lui permettre.

16.

Les portions feront portées & diftribuées dans les falles par les Infirmiers, chacun dans leur quartier.

17.

Il y aura toujours un Chirurgien préfent à la diftribution des alimens, lequel tiendra la main à ce que chaque malade ou bleffé ait ce qui lui aura été ordonné; en obfervant d'interdire l'ufage des alimens folides à ceux à qui la fièvre fera furvenue depuis la vifite du Médecin ou du Chirurgien-major.

18.

La diftribution ne fera faite aux Infirmiers & autres, compris dans la pefée, qu'après que la diftribution des malades fera entièrement terminée; & la viande qui reftera, pour lors, des portions des malades, fera partagée entre les Infirmiers & Servans.

19.

Il fera néanmoins réfervé à chaque diftribution, dans les

les grands Hôpitaux, quelques portions de celles restantes en viande, pour être données aux entrans s'il en est besoin, durant l'intervalle des deux distributions ; mais à la distribution suivante, les portions de réserve qui n'auront point été consommées seront réunies à celles des Infirmiers ; & la même réserve continuera de se faire sur les portions qui pourront rester après la dernière distribution.

20.

LES malades à la diète devant avoir trois ou quatre bouillons par jour, suivant les ordonnances du Médecin ou Chirurgien-major, le Contrôleur & les Commis aux salles veilleront à ce qu'ils leur soient exactement fournis; & ils feront fournir avec la même exactitude, les œufs, panade, bouillie, riz, pruneaux, lait & tisane, à ceux auxquels ils auront été prescrits pour régime. La distribution de ces alimens sera faite dans chaque salle, par les Élèves-chirurgiens.

21.

LE Commissaire des guerres assisté du Contrôleur, sera, au moins une fois par mois, & aux jours auxquels les Directeurs ou leurs Préposés s'y attendront le moins, la visite des balances, poids & mesures servant à la distribution des alimens; & au cas que lesdites balances, poids & mesures ne se trouvent pas conformes aux Ordonnances, le Commissaire des guerres les fera briser en sa présence, & en fera établir d'autres aux frais du Directeur; dont & de quoi le Commissaire dressera sur le champ son procès-verbal, qu'il fera signer par le Contrôleur présent, par des témoins au nombre de deux, & par le Directeur ou ses Préposés, s'ils veulent signer, sinon sera fait mention de leur refus.

22.

LE Commissaire des guerres fera deux expéditions du procès-verbal ci-dessus, qu'il adressera sur le champ, l'une au Secrétaire d'État ayant le département de la Guerre, & l'autre à l'Intendant de la Province.

23.

VEUT & ordonne Sa Majesté que, sur le vu dudit procès-verbal, le Directeur ou les Commis coupables soient condamnés solidairement, par l'Intendant du département, en une amende de quinze cents livres applicable, moitié au dénonciateur, s'il y en a; & l'autre moitié, ou la totalité, s'il n'y a point de dénonciateur, à l'Hôpital du lieu ou autre plus prochain, s'il n'y en a point dans le lieu; & qu'en cas de récidive les coupables soient mis en prison, pour être leur procès fait extraordinairement, & être condamnés par ledit Intendant aux galères pour neuf ans; & sera, le dénonciateur, payé de la moitié de l'amende en déduction de ce qui sera dû à l'Administrateur ou Entrepreneur, civilement responsable du fait de ses préposés, sur le certificat du Commissaire des guerres, portant que la fausseté des poids & mesures, a été reconnue sur la dénonciation.

24.

DÉFEND Sa Majesté dans ses Hôpitaux, l'usage des romaines pour peser la viande & autres alimens des malades ou blessés: Veut & entend que toutes les pesées de quelque espèce que ce soit, ne puissent être faites qu'avec des balances à plateaux, bien éprouvées en présence du Commissaire des guerres, avec des poids de marc bien & dûement étalonnés.

25.

AU cas de transport de malades & blessés dans un autre Hôpital, conformément à l'article 5 du titre II; la journée desdits malades ou blessés étant payée à l'Hôpital où ils sont envoyés, le Directeur qui en sera averti, si le chemin est de plus de deux lieues, fera établir vers le milieu de la route, des marmites, du pain, du vin ou de la bière, pour y fournir des bouillons ou autres alimens, aux malades ou blessés; il y fera trouver des Chirurgiens & Infirmiers auxquels les malades seront remis avant ou après la halte, par les Chirurgiens & Infirmiers qui les auront conduits jusque-là.

TITRE IX.

Des Médicamens.

ARTICLE PREMIER.

LES Pharmacies des Hôpitaux militaires, ne seront approvisionnées que des articles jugés nécessaires par les nouvelles formules qui viennent d'y être prescrites, & de la manière ci-après indiquée.

2.

LES compositions galéniques & chimiques exigeant toute l'habileté d'un Artiste expérimenté, veut Sa Majesté que ces préparations se fassent par les Apothicaires-majors des cinq Hôpitaux militaires où les amphithéâtres sont établis, en présence des Médecin, Chirurgien-major, Chirurgien & Apothicaire-aide-major, Sous-aide-major & Elèves, & que ces mêmes préparations soient distribuées ensuite;

SAVOIR:

1.° Celles qui seront faites par l'Apothicaire-major de Lille, dans les provinces de Flandre, de Haynaut & de Picardie.

2.° Celles faites par l'Apothicaire-major de Metz, dans les provinces des Trois-évêchés, de Lorraine & de Champagne.

3.° Celles faites par l'Apothicaire-major de Strasbourg, dans les provinces d'Alsace & de Franche-comté.

4.° Celles faites par l'Apothicaire-major de Brest, dans les provinces de Bretagne, Normandie, Poitou, Aunis, Saintonge & Guyenne.

5.° Celles qui seront faites par l'Apothicaire-major de Toulon, dans les provinces de Provence, Dauphiné, Roussillon, Languedoc & dans l'île de Corse.

Défend Sa Majesté aux Apothicaires-majors des

Hôpitaux militaires, d'y recevoir & employer d'autres compositions galéniques & chimiques que celles qui leur seront ainsi fournies, & aux Directeurs de les y introduire; ce à quoi le Contrôleur tiendra exactement la main.

Permet Sa Majesté aux Administrateurs & Directeurs des Hôpitaux de charité, dans lesquels les Soldats de ses Troupes seront reçus, de se fournir dans lesdites Pharmacies, des compositions galéniques & chimiques dont ils auroient besoin, en les payant au même prix fixé par le tarif dressé par lesdits Apothicaires-majors, & approuvé par les Intendans des Provinces.

3.

A l'égard des autres médicamens qui seront fournis dans les Hôpitaux militaires, entend Sa Majesté que ces médicamens ne puissent être reçus que d'après la reconnoissance qui en sera faite par les Apothicaire-major ou Aide-major des Hôpitaux, en présence des Médecin & Chirurgien en chef, dont le témoignage les fera rejeter ou admettre par le Commissaire des guerres.

4.

L'Apothicaire en chef de chaque Hôpital, sera tenu, envers les Administrateurs ou Entrepreneurs, de compter tous les deux mois, tant en recette qu'en dépense, de tout ce qui concerne la Pharmacie; en conséquence, il devra tenir un registre qui restera en dépôt dans la Pharmacie dans lequel seront inscrits tous les médicamens entrans, dont la consommation sera établie, d'après les cahiers de visite, & certifiée par les Médecin & Chirurgien-major & le Directeur.

5.

Il sera choisi, dans l'intérieur de l'Hôpital, un lieu convenable pour y établir l'Apothicairerie, dans lequel seront déposées toutes les drogues nécessaires & prescrites par les formules ci-dessus, soit pour les quantités, soit pour les qualités; ce qui aura lieu même dans le cas où

le

le marché des médicamens seroit séparé de celui des alimens.

6.

D'APRÈS le formulaire général, qui sera envoyé dans chaque Hôpital, le Médecin & le Chirurgien-major, chacun en ce qui les concerne, prescriront une formule de remèdes usuels, à laquelle l'Apothicaire sera tenu de se conformer.

7.

LE Médecin & le Chirurgien-major visiteront ensemble & de concert l'Apothicairerie, au moins une fois par mois; ils feront mettre à part les remèdes corrompus ou gâtés, pour être vérifiés par le Commissaire des guerres, par lui dressé procès-verbal, & donné tels ordres qu'au cas appartiendra. Et s'il manque de remèdes nécessaires, ils en dresseront un état, dont copie sera remise au Directeur, pour qu'il ait soin d'en faire promptement le remplacement, & une autre copie au Commissaire des guerres, afin qu'il tienne la main audit remplacement.

8.

FAIT Sa Majesté très-expresses inhibitions & défenses à l'Apothicaire de faire aucune composition pour le service de l'Hôpital, ailleurs que dans le laboratoire de l'Apothicairerie; & les Médecin & Chirurgien-major s'y trouveront lorsqu'ils le jugeront nécessaire.

9.

AU cas que l'Apothicaire manque de quelques-unes des drogues ordonnées par les Médecin & Chirurgien-major, il sera tenu de les en avertir sur le champ pour y suppléer: lui fait Sa Majesté très-expresses inhibitions & défenses d'en substituer de son chef, à peine de destitution de son emploi.

10.

VEUT & ordonne Sa Majesté qu'au cas où l'Apothicaire soit surpris employant, ou convaincu d'avoir employé de fausses drogues au lieu de celles ordonnées, il en soit dreſſé procès-verbal par le Commiſſaire des guerres, en préſence du Contrôleur, du Médecin & du Chirurgien-major, qui ſigneront, conjointement avec le Commiſſaire, ledit procès-verbal, ainſi que ledit Apothicaire s'il veut ſigner, ſinon ſera fait mention de ſon refus.

11.

SUR le vu dudit procès-verbal, qui ſera adreſſé, ſur le champ, au Secrétaire d'État ayant le département de la Guerre & à l'Intendant de la Province, le procès ſera fait extraordinairement par l'Intendant audit Apothicaire; lequel, audit cas de conviction, ſera condamné à une amende arbitraire, applicable moitié au dénonciateur, l'autre moitié à l'Hôpital du lieu, ou au plus prochain, même en une peine corporelle s'il y échet.

12.

DÉFEND Sa Majeſté à tous Apothicaires des Hôpitaux militaires, de fournir, vendre, tranſporter ni employer à aucun autre uſage qu'à celui des malades de l'Hôpital auquel ils ſont attachés, les médicamens, drogues ou remèdes de leur Pharmacie, ſous peine d'être renvoyés & punis.

13.

L'APOTHICAIRE adminiſtrera lui-même, en préſence du Chirurgien de garde ou de quartier, les remèdes qui auront été ordonnés aux malades & bleſſés, & les verra prendre, ſans les laiſſer auxdits malades & bleſſés, pour éviter toute erreur dans la diſtribution, & être en état d'en rendre compte au Médecin ou Chirurgien-major lors de leurs viſites, conformément aux articles 3 & 4 du Titre V, ou d'expliquer les raiſons pour leſquelles le Chirurgien de garde & lui de concert, auroient jugé à propos de les ſuſpendre.

14.

L'APOTHICAIRE fera une proviſion ſuffiſante de Plantes

usuelles dans le temps convenable, & les conservera avec le soin & la méthode que chacune d'elles peut exiger.

15.

On établira dans chaque Hôpital, autant qu'il sera possible, un jardin de Plantes usuelles dans le lieu qui sera désigné par l'Intendant. Le Médecin, le Chirurgien-major & l'Apothicaire auront la direction de ce jardin, chacun en ce qui les concerne.

16.

Les linges à pansement & la charpie étant de nature à être considérés comme une partie accessoire des médicamens, les Officiers de santé, notamment le Chirurgien-major, seront tenus de visiter les approvisionnemens qui en seront faits, avant leur entrée dans le magasin ; & au cas qu'ils en trouvent de mauvaise qualité, ils en donneront avis au Commissaire des guerres, qui les fera rejeter & remplacer.

17.

Dans le cas où les Directeurs se trouveroient manquer de linges à pansement & de charpie, par leur faute, ils seront condamnés en une amende de quinze cents livres, qui sera prononcée par l'Intendant du département, sur le vu du procès-verbal qui en sera dressé par le Commissaire des guerres, & envoyé audit Intendant & au Secrétaire d'État ayant le département de la guerre. Veut Sa Majesté, audit cas, que le Commissaire des guerres fasse acheter dans la ville, ou lieux circonvoisins, ce qui sera nécessaire au service, & à quelque prix que ce soit, aux dépens de qui il appartiendra.

18.

Tout ce qui sera jugé nécessaire aux Chirurgiens-élèves pour le service de leurs salles, en vin, eau-de-vie, onguens, emplâtres, linges à pansement & charpie, ne pourra leur être donné que sur un *bon* des Officiers de santé. Pourront néanmoins les Chirurgiens de garde, en l'absence des Officiers de santé, donner des *bons*, si le service l'exige; mais ces *bons* devront être représentés auxdits Officiers de santé à leur première visite, pour être par eux visés chacun en ce qui les concerne ; & au cas de fraude reconnue, les Chirurgiens-élèves seront condamnés à la restitution du quadruple envers le Directeur, même à plus grande peine, suivant l'exigence des cas.

TITRE X.

Des Lits & Fournitures.

ARTICLE PREMIER.

LA fourniture des lits & effets accessoires, sera faite par le même Administrateur ou Entrepreneur, qui sera chargé de celle des alimens & médicamens.

2.

LE nombre des lits sera fixé, dans chaque Hôpital, proportionnément à l'étendue des emplacemens & à la force des garnisons ordinaires; de manière que les Soldats malades soient couchés seuls, conformément à l'article 6 du Titre IV de la présente Ordonnance.

3.

DANS cette fixation seront compris les lits & fournitures des Chirurgiens & Apothicaires-élèves, employés & servans dans les Hôpitaux, & qui y auront leur logement.

4.

DÉFEND expressément Sa Majesté, de transporter lesdits lits hors de l'Hôpital, pour servir à ceux des Employés qui logeront en ville ou ailleurs, & ce sous peine de punition.

5.

CHAQUE lit sera composé d'une couchette de bois de chêne, autant qu'il sera possible; & dans les lieux où le chêne sera rare, de bois de noyer, d'orme, de sapin, ou

autre

autre eſpèce, tel qu'il ſera en uſage dans le pays: ladite couchette élevée de terre de douze à quinze pouces, de quatre pieds de largeur & de cinq pieds neuf à dix pouces de longueur, le tout de dedans en dedans: la paillaſſe & le matelas ſeront des mêmes largeur & longueur; la paillaſſe ſera remplie de quarante à quarante-cinq livres de paille, le matelas rempli moitié crin, moitié laine, ou de deux tiers de l'une ou l'autre eſpèce; le tout bien apprêté & couvert de toile leſſivée, de même que le chevet qui doit avoir trois pieds de tour; leſdits matelas & chevet devant peſer enſemble trente-cinq livres, la toile non compriſe; d'une couverture de laine, blanche ou verte, de huit pieds dix pouces à neuf pieds de longueur, ſur ſept pieds trois à ſix pouces de largeur; & de trois paires de draps de toile demi-blanche; chaque drap de neuf pieds ou neuf pieds un ou deux pouces de long ſur ſix pieds ſix pouces à ſix pieds neuf pouces de large; le tout à la meſure de Roi, & ſuivant qu'il ſera plus amplement détaillé dans les traités & conventions qui ſeront faits avec les Adminiſtrateurs & Entrepreneurs des Hôpitaux, tant pour la fourniture des lits que pour celle des effets acceſſoires.

6.

LES malades ſeront couverts, pendant l'hiver, de deux couvertures de laine, au moyen de l'augmentation ordonnée pour ce genre de fournitures; il ſera de plus entretenu dans chaque Hôpital une certaine quantité de matelas de crin, de même dimenſion & de moitié du poids des autres, pour ceux des malades dont l'état exigera ce ſupplément.

7.

LES couvertures & les bois-de-lits ſeront lavés tous les ſix mois, & les matelas rebattus auſſi ſouvent qu'il ſera néceſſaire: la paille des paillaſſes ſera renouvelée tous les ſix mois pour les lits ſervant aux convaleſcens; & pour ceux qui ſervent aux malades, autant de fois que le Médecin ou le Chirurgien-major le jugera à propos.

8.

LORS de la livraiſon des fournitures ou demi-fournitures, lorſqu'elles ſeront renouvelées ou réparées, le Commiſſaire des guerres, ou le Contrôleur en ſon abſence, fera auner les draps & peſer les matelas & traverſins, pour connoître s'ils ſont de la même meſure & du poids ordonnés; & en cas qu'il les trouve défectueux, ou que le nombre ne ſoit pas complet, il en dreſſera procès-verbal, qu'il enverra au Secrétaire d'État ayant le département de la guerre, & à l'Intendant de la Province, pour y être pourvu.

9.

Si dans quelques Hôpitaux les lits étoient fournis, ſoit par le Roi, ſoit par les Villes, ou par d'autres Entrepreneurs que ceux des alimens, le blanchiſſage des draps ſera toujours à la charge de l'entrepriſe des alimens de l'Hôpital: ils ſeront en conſéquence remis au Directeur, ſur ſon récépiſſé, pour être par lui repréſentés en même nombre dans l'état où ils ſe trouveront. Pourra ledit Directeur remettre, de trois en trois mois, en préſence & du conſentement du Commiſſaire des guerres, ou en ſon abſence, du Contrôleur, les draps hors d'état de ſervir, deſquels il demeurera déchargé, & il ſera pourvu au remplacement d'iceux.

10.

Enjoint très-expreſſément Sa Majeſté aux Commiſſaires des guerres, aux Contrôleurs, & généralement à tous les Officiers de ſes Hôpitaux, de ne point ſouffrir qu'aucun malade ou bleſſé, ſoit mis dans le lit d'un mort, avant que les draps & la paille en aient été changés.

11.

Les Contrôleurs, les Commis aux ſalles & tous autres prépoſés au ſervice des Hôpitaux, empêcheront les malades & bleſſés, de coucher ſur leurs lits avec leurs ſouliers, & veilleront à ce que les fournitures ſoient conſervées & entretenues proprement.

12.

L'usage des demi-fournitures, n'aura lieu dans les Hôpitaux, que pour ceux qui ſeront établis en temps de guerre ; dans chacun desquels, cependant, il sera remis un nombre de fournitures complettes pour les blessés de grandes blessures, & pour les malades attaqués de maladies contagieuses.

Chacune desdites demi-fournitures sera composée d'une paillasse, d'un traversin garni, de deux paires de draps & d'une couverture; le tout des qualités & dimensions prescrites par l'article 5 du présent Titre.

TITRE XI.

Des Linges, Bonnets & Robes de chambre.

ARTICLE PREMIER.

LES fournitures accessoires au lit, comme chemises, bonnets, coiffes de bonnet, capotes ou robes de chambre de drap, seront réglées en proportion du nombre des lits fixé pour chaque Hôpital, à raison

De quatre Chemises........ De quatre Coiffes de bonnets.	Pour chaque lit.
De trois Bonnets de laine.... Et d'une Capote..........	Pour deux lits.

Et les qualités de ces fournitures seront déterminées par les traités.

2.

LE Commissaire des guerres se fera remettre l'état de l'approvisionnement de l'Hôpital, en ce genre, qu'il proposera d'augmenter s'il en est besoin, par proportion des malades ou blessés qui y seront reçus, ce qui ne pourra s'exécuter que sur les ordres du Secrétaire d'État ayant le département de la guerre, d'après le compte qui lui en sera rendu par l'Intendant, excepté néanmoins les cas de service urgens auxquels l'Intendant fera pourvoir ſans délai, en même temps qu'il en informera le Secrétaire d'État de la Guerre.

3.

Le Commiſſaire des guerres fera de temps en temps la viſite des chemiſes, bonnets, coiffes de bonnets & capotes, pour faire remplacer ce qui ſera hors de ſervice.

4.

Le blanchiſſage de tous les linges, chemiſes, coiffes & bonnets, ſera toujours à la charge de l'entrepriſe des alimens de l'Hôpital; les Directeurs ſeront tenus en conſéquence de mettre à part & de faire leſſiver ſéparément tout ce qui aura ſervi à l'uſage des malades attaqués de gale ou de maux vénériens; il fera de même leſſiver par un blanchiſſage ſéparé, tous les linges à panſement ou deſtinés à faire de la charpie.

5.

Les malades attaqués de toute eſpèce de gale, devant être traités dans des ſalles ſéparées, qui ne leur laiſſent aucune communication avec les autres malades: Veut Sa Majeſté que les lits & fournitures de tout genre qui ſerviront auxdits galeux, ne ſoient jamais confondus avec celles deſtinées à d'autres uſages; ce à quoi les Contrôleur ou Commis aux ſalles, tiendront exactement la main, à peine d'en répondre en leur propre & privé nom, & d'encourir la condamnation d'une amende prononcée par l'Intendant de la Province, ſur le rapport du Commiſſaire des guerres chargé de la police de l'Hôpital.

TITRE XII.

Des maux Vénériens.

ARTICLE PREMIER.

Les Soldats attaqués de maladie vénérienne, de quelque nature qu'elle ſoit, ſeront reçus dans les Hôpitaux

Hôpitaux militaires destinés à ce traitement, sur un billet d'entrée expédié suivant la forme prescrite par l'article 1.er du Titre I.er, & au dos duquel sera détaillée la situation des Soldats qui y seront envoyés.

2.

AUSSITÔT qu'un malade de ce genre se présentera dans un Hôpital, le Chirurgien-major sera tenu de le visiter, conjointement avec le Médecin, s'il y en a un, pour déterminer la nature du traitement qui leur paroîtra convenir à son état; ce qui sera constaté par une consultation signée de l'un & de l'autre; après quoi le Chirurgien-major restera chargé du traitement auquel le Médecin ne sera appelé que dans les occasions périlleuses.

3.

LORSQUE le traitement sera fini, les Officiers de santé seront tenus de visiter de nouveau le malade avant sa sortie de l'Hôpital, pour s'assurer de la guérison, de laquelle ils feront mention au pied de la consultation qu'ils auront faite lors de l'entrée dudit malade.

4.

SA MAJESTÉ ne voulant pas que le séjour à l'Hôpital, des Soldats attaqués de maladie vénérienne, soit désormais à charge à leurs camarades, Elle entend que tout Soldat, Cavalier, Chevau-léger, Hussard, Dragon & Chasseur à cheval, qui sera entré à l'Hôpital, pour une maladie vénérienne, soit obligé d'acquitter à sa sortie, & lorsqu'il aura recouvré ses forces, toutes les corvées qui auront été faites pour lui pendant son traitement, successivement & de manière qu'il n'en soit pas excédé; Sa Majesté s'en rapportant à ce sujet aux Commandans des Corps. Elle ordonne aux Médecins & Chirurgiens-majors de ses Hôpitaux, d'inscrire au dos des billets de sortie, la nature des maladies dont les convalescens sortans auront été traités, & aux chefs des Corps d'enjoindre aux Quartiers-maîtres de tenir un registre de tous les hommes de leur régiment qui auront ſubi le traitement d'une maladie vénérienne, & d'en conſerver les billets de ſortie comme pièces probantes à l'appui du regiſtre qui ſera repréſenté aux Inſpecteurs lors de leurs revues.

5.

SA MAJESTÉ jugeant qu'il eſt de ſa juſtice & même de ſa bonté de prévenir, par la crainte d'une punition, les maux que pourroit produire dans les Troupes l'excès du libertinage, Elle veut que tout Soldat qui aura été traité trois fois d'une maladie vénérienne quelconque, ſoit condamné à ſervir deux ans au-delà du terme de ſon engagement; mais pour prévenir toute application injuſte de cette peine, Sa Majeſté entend que le jugement contre ledit Soldat ne puiſſe être porté que par les Inſpecteurs lors de leurs revues, ſur le rapport qui leur ſera fait par les Commandans des régimens, les Officiers & bas Officiers des compagnies dont ſeront les Soldats convaincus d'avoir éprouvé une troiſième rechute, pour, ſur les témoignages qui ſeront rendus de leur conduite, les condamner ou les abſoudre en connoiſſance de cauſe, ou même reſtreindre la punition à un an de ſervice ſeulement, ſuivant l'exigence des cas; attribuant Sa Majeſté auxdits Inſpecteurs tout pouvoir à cet égard.

TITRE XIII.

Des Eaux minérales.

ARTICLE PREMIER.

LES Soldats, Cavaliers, Chevaux-légers, Huſſards, Dragons ou Chaſſeurs à cheval à qui l'uſage des Eaux minérales deviendroit néceſſaire, pourront être envoyés dans les Hôpitaux de Saint-Amand, de Bourbonne, de Digne & de Barèges, leſquels ſeuls ont été maintenus à cet effet.

2.

Lesdits Soldats, Cavaliers, Chevaux-légers, Huſſards, Dragons ou Chaſſeurs ne pourront être reçus dans leſdits Hôpitaux hors le temps des ſaiſons ordinaires, ni reſter au-delà de la fin de chaque ſaiſon, ſi ce n'eſt pour des cas particuliers ou imprévus, dont le Médecin, ou à ſon défaut le Chirurgien chargé de la diſpenſation des Eaux, rendra compte au Secrétaire d'État ayant le département de la Guerre.

3.

Pour que les malades qui ſe trouvent dans les garniſons, ou dans les Hôpitaux éloignés des établiſſemens des Eaux minérales ci-deſſus mentionnés, puiſſent s'y rendre au temps preſcrit, les Officiers de ſanté des Hôpitaux, & les Chirurgiens-majors des régimens s'aſſembleront dès les premiers jours d'Avril pour examiner les Soldats qui leur paroîtront devoir être envoyés aux Eaux minérales, & rédiger les certificats dont leſdits Soldats doivent être porteurs: cet examen ſera fait en préſence des Commiſſaires des guerres qui devront adreſſer à l'inſtant au Secrétaire d'État ayant le département de la Guerre, une note indicative deſdits hommes, & lui demander les routes néceſſaires pour les faire partir.

4.

A l'égard des Soldats malades qui ſe trouveront dans des garniſons ou dans des Hôpitaux à portée de ceux des Eaux minérales, leſdits Médecins & Chirurgiens-majors s'aſſembleront vers la fin du mois de Mai pour procéder, ainſi qu'il eſt preſcrit par l'article précédent, à l'examen deſdits Soldats qu'ils jugeroient devoir être envoyés aux Eaux; après quoi ſeront demandées auſſi-tôt les routes néceſſaires pour les faire partir, aux Intendans des Provinces, qui les expédieront pour ceux qui ne ſeront éloignés deſdits Hôpitaux des Eaux minérales, que de cinq jours de marche.

TITRE XIII.

5.

AUCUN Soldat ne pourra être reçu dans lesdits Hôpitaux qu'autant qu'il sera muni d'une route expédiée, soit en vertu des ordres du Secrétaire d'État ayant le département de la Guerre, soit par l'Intendant de la Province.

6.

A l'arrivée des Soldats aux Eaux, le Commissaire des guerres leur expédiera un billet d'entrée à l'Hôpital, ou un billet de logement; les Officiers de santé des Eaux minérales se feront ensuite représenter le certificat dont chaque Soldat devra être porteur, pour examiner si l'usage des Eaux peut lui convenir : s'ils jugent que les Eaux minérales ne conviennent point à certains malades, ils écriront au dos desdits certificats, les motifs de leur opinion, & les remettront au Commissaire des guerres, qui devra renvoyer dans les vingt-quatre heures, à leurs régimens lesdits malades, en leur expédiant des billets de sortie dans la forme ordinaire, & un ordre de route pour s'y rendre.

7.

LES certificats des malades admis à l'usage des Eaux, resteront entre les mains des Officiers de santé, pour y motiver l'effet qu'auront opéré les Eaux; & ces certificats seront rendus aux malades pour être par eux rapportés au régiment avec le billet de sortie de l'Hôpital.

8.

LES Soldats, Cavaliers, Chevaux-légers, Hussards, Dragons ou Chasseurs à cheval, admis à prendre les Eaux, remettront leur épée ou autres armes, s'ils en ont, au Directeur de l'Hôpital; & s'il n'y a point d'Hôpital, chez le Commissaire des guerres; lesdites armes seront étiquetées pour leur être rendues à leur départ: Sa Majesté faisant très-expresses défenses auxdits Soldats, Cavaliers, &c. de porter aucunes armes, de quelque espèce que ce soit, pendant

pendant leur séjour aux Eaux, & de les cacher chez les habitans du lieu, à peine auxdits Soldats, Cavaliers, &c. de prison & d'être renvoyés à leur régiment; & aux habitans qui auront caché lesdites armes, de prison, & de vingt livres d'amende applicable au profit des pauvres de la Paroisse.

9.

VEUT & entend au surplus, Sa Majesté, que tous les Soldats, Cavaliers, &c. reçus, pour prendre les Eaux, dans les Hôpitaux & autres établissemens formés à cet effet, se conforment aux règlemens de Police observés dans les autres Hôpitaux, aux peines y portées, sauf les cas particuliers auxquels il sera pourvu par les règlemens concernant la police des Eaux minérales.

10.

CEUX qui, au défaut d'Hôpital, ou faute de place dans l'Hôpital, auront été logés chez les habitans, se retireront chez leur hôte à sept heures du soir, à peine de vingt-quatre heures de prison pour la première fois, & de plus grande peine en cas de récidive.

11.

DÉFEND Sa Majesté auxdits Soldats, Cavaliers, &c. d'exiger de leurs hôtes autre chose que le lit & place au feu & à la lumière desdits hôtes, chez lesquels ils vivront, au moyen de leur solde.

12.

CEUX qui auront obtenu permission de sortir de l'Hôpital, s'il y en a, ou ceux qui seront logés chez les habitans, ne pourront, pour quelque cause que ce soit, s'éloigner du lieu où se prennent les Eaux, & aller dans les villages voisins, ni manger & boire au cabaret, sous les peines ci-dessus énoncées. Faisant Sa Majesté très-expresses défenses aux habitans, de donner ni vendre du vin, de l'eau-de-vie, ou autres boissons que ce puisse être, aux Soldats, Cavaliers, &c. nourris à l'Hôpital; &

dans les lieux où ils vivront au moyen de leur solde, il est défendu de leur donner plus d'une chopine de vin à la fois & dans le même jour, à peine de cent livres d'amende pour la première contravention, & de plus grande punition en cas de récidive : Enjoint aux Officiers municipaux de tenir la main à l'exécution du présent article, à peine d'en demeurer responsables.

13.

FAIT pareillement Sa Majesté très-expresses inhibitions & défenses aux Soldats, Cavaliers, Chevaux-légers, Hussards, Dragons ou Chasseurs à cheval, de faire aucun trafic de tabac ou autres marchandises, même de celles dont le commerce est permis aux particuliers, à peine d'être arrêtés & punis suivant la rigueur des Ordonnances.

14.

DÉFEND Sa Majesté aux Officiers de santé des Eaux minérales, de délivrer des certificats aux convalescens sortans, pour qu'il leur soit fourni des voitures à l'effet de rejoindre leur corps, à moins d'une nécessité absolue reconnue par le Commissaire des guerres, & ce, sous peine d'en payer eux-mêmes les frais.

15.

ORDONNE Sa Majesté qu'au défaut de Commissaire des guerres, tout ce qui est prescrit par les articles du présent Titre, sera exécuté par le Subdélégué de l'Intendant; au défaut de Subdélégué, par l'Officier de Maréchaussée en résidence; & au défaut d'Officier de Maréchaussée en résidence, par le principal Officier municipal de chaque lieu, auxquels Sa Majesté mande & ordonne de tenir la main, chacun en droit soi, à l'exécution de ce que dessus.

TITRE XIV.

De la netteté, clarté & température dans les Hôpitaux.

ARTICLE PREMIER.

DANS les Hôpitaux fixes & sédentaires, le Commissaire des guerres donnera ses ordres, au commencement du printemps, pour faire blanchir les salles, & les portes & lambris avec de la chaux vive, afin d'y entretenir la propreté & détruire les insectes. Il en sera usé de même autant que faire se pourra, lors de l'établissement des Hôpitaux, que le service des Armées exige en temps de guerre.

2.

LE Contrôleur ou le Commis aux salles, sera particulièrement chargé, sous les ordres du Commissaire des guerres, de faire balayer & nettoyer les salles, deux fois par jour, le matin avant les visites & pansemens; le soir immédiatement après le repas, & plus souvent s'il est nécessaire; ils feront pareillement balayer les cours & les escaliers, au moins une fois par jour.

3.

LES mêmes Employés auront soin de faire parfumer les salles, en y faisant brûler du bois de genièvre ou autre bois odoriférant, trois fois par jour pour le moins, surtout avant & pendant les pansemens.

4.

ILS feront tenir proprement les cuisines, la boulangerie, la boucherie & autres endroits de l'Hôpital, & ordonneront aux Cuisiniers de laver les tables où se coupe la viande, deux fois par jour avec de l'eau bouillante.

5.

ILS visiteront souvent les ustensiles de cuivre, tant à

la Cuiſine qu'à la Pharmacie, pour examiner s'il n'y a point de vert-de-gris, & ils obligeront le Directeur à les faire étamer, lorſqu'il en ſera beſoin.

6.

ILS veilleront à ce que la tenue des Infirmiers ſervant les malades, ſoit le plus propre qu'il ſera poſſible, & ils feront renvoyer ceux qui, après avoir été avertis, ne ſe conformeroient pas à ce qui leur aura été ordonné à cet égard.

7.

AVANT la fin de l'automne, le Commiſſaire des guerres fera viſiter & mettre en état les poëles & fourneaux ſervant à échauffer les ſalles des malades, & obligera le Directeur à faire une proviſion de bois ſuffiſante.

8.

LE feu commencera à être allumé dans leſdites ſalles, au jour qui ſera fixé par le Commiſſaire des guerres, ſur le rapport des Officiers de ſanté, & ceſſera pareillement quand il l'ordonnera; les Contrôleur & Commis aux ſalles tiendront la main à l'exécution de ſes ordres.

9.

DANS les beaux jours, les Contrôleur ou Commis aux ſalles, feront ouvrir les fenêtres, pour donner de l'air aux ſalles; ce qu'ils ne feront néanmoins que du conſentement du Médecin ou du Chirurgien-major.

10.

LES fenêtres des ſalles, par où les rayons du ſoleil pourroient porter ſur les malades, ſeront fermées par des rideaux de groſſe toile, qui ſeront au compte du Roi.

11.

LES lampes ſeront allumées dans Hôpital, une demi-heure avant la nuit, par les Infirmiers, & entretenues ſans diſcontinuation, tant qu'elle durera, de l'huile qui ſera fournie à cet effet par les Directeurs; le Commiſſaire des

des guerres ordonnera le nombre des lumières qu'il jugera néceſſaire, & le Contrôleur ou Commis aux ſalles, tiendront également la main à l'exécution des ordres du Commiſſaire des guerres à cet égard.

TITRE XV.

De la police dans l'intérieur de l'Hôpital.

ARTICLE PREMIER.

IL ne ſera ſouffert aucunes armes aux malades ou bleſſés dans les ſalles de l'Hôpital, & ſi quelqu'un d'eux ſe trouve en avoir, elles lui ſeront ôtées; celles qui feront partie de l'armement uniforme du régiment, ſeront remiſes au magaſin, & les autres ſeront confiſquées pour être vendues au profit des pauvres du lieu.

2.

FAIT Sa Majeſté très-expreſſes défenſes à tous Soldats, Cavaliers, Chevaux-légers, Huſſards, Dragons ou Chaſſeurs, malades ou bleſſés, de porter ſur eux de la poudre à tirer dans leſdites ſalles, à peine d'être ſévèrement punis à leur ſortie.

3.

LORSQU'IL y aura deux portes d'entrée dans un Hôpital, il n'en ſera tenu qu'une ouverte, à laquelle il ſera mis une barrière & placé un Portier, qui ſera chargé de ne laiſſer entrer aucunes femmes, & de n'en laiſſer ſortir aucuns malades, convaleſcens ou infirmiers, ſans un billet ſigné d'un Officier de ſanté; comme auſſi de ne permettre l'entrée d'aucunes denrées, boiſſons, fruits & autres alimens, que de ceux qui ſeront introduits au nom du Directeur, pour le ſervice ou par les Officiers de ſanté dudit Hôpital, pour leur conſommation particulière; étant ledit Portier autoriſé à fouiller les perſonnes qui lui paroîtront ſuſpectes; & les choſes qui feront reconnues introduites en contravention des règlemens, feront confifquées au profit dudit Portier, auquel la Sentinelle & la Garde prêteront main-forte quand il le requerra.

4.

Il fera permis aux malades & convalefcens, de fortir & fe promener hors des Hôpitaux militaires, dans tous les cas où leur état paroîtra l'exiger; mais fous les réferves énoncées dans l'article qui fuit.

5.

Lorsque les Médecins jugeront la promenade néceffaire pour quelques malades ou convalefcens, dans ceux des Hôpitaux qui n'ont ni jardin, ni efpace fuffifamment aéré, le Commiffaire des guerres, qui en fera prévenu, en accordera la permiffion fur un état nominatif qui lui fera préfenté & qu'il vifera; cet état, ainfi vifé, fera porté au Commandant de la Place, qui donnera le nombre de bas Officiers néceffaire pour efcorter ces malades ou convalefcens pendant la promenade, empêcher qu'ils n'achettent ou reçoivent aucune efpèce d'alimens, & pour les ramener à l'Hôpital. A leur retour, ils feront reçus par le Contrôleur, qui en fera l'appel, donnera décharge à ces bas Officiers, verra par leur rapport fi tout s'eft paffé régulièrement pendant la promenade, & en rendra compte, fur le champ, au Commiffaire des guerres.

6.

Les Soldats, qui ayant eu la permiffion de fortir, apporteront à leurs camarades des boiffons & alimens de quelque efpèce que ce puiffe être, & ceux des malades & bleffés qui vendront leurs portions à d'autres, feront punis.

7.

Il ne fera permis aux bas Officiers, Soldats, Cavaliers, Chevaux-légers, Huffards, Dragons ou Chaffeurs à cheval, d'entrer dans les Hôpitaux pour vifiter les malades, qu'avec la permiſſion par écrit du Commiſſaire des guerres ou autres le repréſentant en ſon abſence.

8.

LES bas Officiers ou Soldats qui porteront dans les Hôpitaux où ils ſeront entrés, des alimens ou des boiſſons, ſeront punis, ſur le rapport qu'en fera le Commiſſaire des guerres aux Chefs du régiment auquel ils appartiendront.

9.

TOUT Soldat malade, accuſé ou convaincu de crime commis pendant ſon ſéjour à l'Hôpital, ſera gardé à vue, & le Commiſſaire des guerres le fera punir, à ſa ſortie, ainſi qu'au cas appartiendra.

10.

LE Commiſſaire des guerres & le Contrôleur écouteront les plaintes qui leur ſeront portées par les malades ou bleſſés, afin de leur faire rendre juſtice.

11.

LES malades ou bleſſés qui inſulteront les Chirurgiens, Infirmiers, ou autres perſonnes qui les ſervent, ſeront punis ſévèrement ; & ſi leur état exigeoit que la punition fût différée juſqu'à leur ſortie, les Commandans des Corps ſeront tenus d'y ſtatuer, ſans délai, ſur le rapport du Commiſſaire des guerres.

12.

ENJOINT Sa Majeſté aux malades & bleſſés, de porter honneur & reſpect aux Aumôniers, Frères de la Charité & autres Religieux & Religieuſes, Médecins, Chirurgiens, Apothicaires, Contrôleurs, Commis aux ſalles, Adminiſtrateurs, Entrepreneurs & leurs Commis, à peine de punition exemplaire.

13.

IL leur eſt pareillement enjoint de traiter avec douceur les Infirmiers, & de ſe garder de les injurier, même quand ils auroient des plaintes à porter contr'eux; auquel cas ils devront en faire rendre compte par les Commis aux salles, au Commissaire des guerres, qui punira les coupables.

14.

Il est défendu aux convalescens, de fumer dans leur lit & dans les salles, à peine de châtiment, sauf auxdits convalescens à aller fumer dans les lieux qui leur seront indiqués à cet effet.

15.

Il est pareillement défendu à tous malades ou blessés, de jouer dans les salles à aucune sorte de jeux qui peuvent faire du bruit ou exciter des querelles & rixes; l'argent qui se trouvera devant les joueurs, sera saisi & distribué sur le champ aux pauvres.

16.

Tout Soldat, Cavalier, Chevau-léger, Hussard, Dragon ou Chasseur à cheval, qui jurera, blasphémera ou tiendra de mauvais discours dans l'Hôpital, sera puni par le Commissaire des guerres selon l'exigence des cas, soit pendant son séjour à l'Hôpital, soit à sa sortie.

17.

Fait Sa Majesté défenses à tous malades d'entrer dans les bureaux, cuisines, boucheries, panneteries, caves, apothicaireries, magasins & autres lieux où leur présence n'est pas nécessaire, & d'y troubler le service, à peine de punition.

18.

Tous les malades se trouveront à leur lit lors de la distribution des alimens, à peine de punition. Leur fait, Sa Majesté, défense de manger & boire dans une autre place que celle où ils couchent.

19.

Les Élèves-chirurgiens & Apothicaires qui couchent dans

dans les Hôpitaux, devront rentrer avant dix heures du soir; passé cette heure ils n'y seront plus reçus; & le Portier sera tenu de rendre compte au Commissaire des guerres de tous ceux qui auront découché; ledit Commissaire des guerres les punira, ainsi qu'au cas appartiendra.

20.

Les convalescens ne pourront, en aucun cas, être employés comme Infirmiers dans l'Hôpital.

21.

Il sera établi dans tous les Hôpitaux considérables, sur-tout dans ceux où la maladie vénérienne est traitée, de même que dans ceux des Eaux minérales, une prison où les malades vénériens & autres qui auront commis des fautes graves seront envoyés par le Commissaire des guerres dès qu'ils pourront l'être sans inconvénient pour leur état; ils y seront couchés sur de la paille, & punis par la privation des alimens & boissons qui pourroient aussi leur être retranchés sans inconvénient, d'après l'avis des Officiers de santé.

TITRE XVI.

Des Testamens des malades ou blessés, dans les Hôpitaux.

Nul ne pourra tester en faveur des Officiers de l'Hôpital où il sera, pas même de l'Aumônier ni de son Couvent, sous prétexte de legs pieux; & les testamens au profit desdits Officiers de l'Hôpital, Aumôniers ou leurs Couvens, seront nuls & de nul effet. L'Aumônier pourra cependant, en envoyant l'extrait mortuaire, informer la famille des intentions du défunt.

TITRE XVII.

De la Sortie des Soldats, Cavaliers, Chevaux-légers, Hussards, Dragons & Chasseurs à cheval, des Hôpitaux.

ARTICLE PREMIER.

LES billets de sortie seront expédiés dans un cartouche conforme au modèle annexé à la présente Ordonnance, contenant le nom du régiment & de la compagnie, ceux de famille & de guerre du Soldat, Cavalier, Chevau-léger, Hussard, Dragon ou Chasseur à cheval, celui du lieu de sa naissance, l'Élection, Bailliage & Sénéchaussée ou Châtellenie dans le ressort desquels ledit lieu sera situé; la date de son entrée dans l'Hôpital & celle de sa sortie.

Ils seront faits doubles, pour l'un être remis au convalescent sortant, & l'autre être joint, comme pièce justificative, aux états de dépenses qui seront envoyés au Secrétaire d'État de la Guerre.

Lesdits billets seront signés par les Médecin & Chirurgien-major qui auront ordonné la sortie du convalescent; ils y spécifieront s'il sort guéri ou non; & dans le dernier cas, ils inscriront au dos desdits billets le détail sommaire des motifs auxquels ils attribuent la non-guérison, & signeront la déclaration.

Ces billets de sortie seront aussi signés par les Directeurs, & visés par le Commissaire ou Subdélégué.

2.

LES Médecin & Chirurgien-major ne prescriront la sortie des convalescens, qu'après les avoir mis pendant trois ou quatre jours au moins, à la portion entière, pour s'assurer de leur rétablissement.

3.

LES convalefcens, les malades qui devront fortir de l'Hôpital feront inscrits, dès la veille, fur une lifte qui fera remife à cet effet par les Médecin & Chirurgien-major au Commiffaire des guerres ou au Contrôleur, qui viferont ladite lifte & la remettront au Directeur de l'Hôpital, lequel devra expédier, en conféquence, les billets de fortie.

4.

AU moyen de la lifte ci-deffus, le Directeur étant averti des malades ou bleffés qui devront fortir le lendemain, la journée de la fortie ne fera point paffée dans l'état de la dépenfe de l'Hôpital.

5.

DANS le jour prefcrit pour la fortie des convalefcens, les Médecins ou Chirurgiens-majors fe feront repréfenter la lifte qu'ils auront remife la veille, pour reconnoître fi les malades font effectivement renvoyés, ou examiner fi les caufes pour lefquelles ils auroient été retenus font légitimes; en cas qu'elles ne le foient point, ils en donneront avis fur le champ au Commiffaire des guerres & au Contrôleur, pour y pourvoir, ainfi qu'il appartiendra.

6.

LES Soldats, Cavaliers, Chevaux-légers, Huffards, Dragons ou Chaffeurs à cheval, fortis des Hôpitaux, feront tenus, en rejoignant leur Corps, de repréfenter & remettre leur billet de fortie à leurs Officiers; à peine pour ceux qui ne le repréfenteront point d'être punis comme vagabonds. Ceux qui auront employé pour rejoindre leur Corps au-delà du temps néceffaire, feront punis de la même manière, à moins d'excufe légitime.

7.

SI dans le nombre des malades reçus dans les Hôpitaux, il s'en trouvoit qui n'euffent que des indifpofitions légères, fufceptibles par leur nature de quelques foins feulement,

& non pas d'un traitement, les Médecins & Chirurgiens-majors en ordonneront à l'inſtant la ſortie, en en prévenant le Commiſſaire des guerres, lequel devra, au cas qu'il reconnoiſſe de la négligence de la part du Chirurgien-major du régiment qui aura envoyé leſdits malades, en rendre compte au Secrétaire d'État ayant le département de la Guerre, à la ſuite du procès-verbal de l'Aſſemblée qui doit ſe tenir tous les deux mois.

8.

Si parmi les malades reçus dans l'Hôpital, les Officiers de ſanté découvrent des Soldats qui affectent des maladies qu'ils n'ont pas, ils auront ſoin d'en informer à l'inſtant le Commiſſaire des guerres, qui devra les renvoyer au régiment auquel ils appartiennent, & les déſigner aux Commandans des Brigades de Maréchauſſée, pour qu'ils veillent à les faire rejoindre.

9.

Les malades reçus dans un Hôpital, attaqués de maux incurables & hors d'état de ſervir par les ſuites de leurs bleſſures ou de leurs infirmités, ſeront dénommés dans un état motivé, certifié par les Médecin & Chirurgien-major, pour ledit état être remis ſans délai au Commiſſaire des guerres.

10.

Lorsque le régiment auquel un malade de cette eſpèce ſe trouvera appartenir, ne ſera qu'à la diſtance de vingt-cinq à trente lieues, le Commiſſaire des guerres l'y renverra tout de ſuite avec un billet de ſortie, au dos duquel ſera tranſcrit le certificat des Médecin & Chirurgien-major.

Si le régiment eſt à une diſtance plus éloignée, le Commiſſaire des guerres ſera tenu de prendre à cet égard des renſeignemens dont il rendra compte au Secrétaire d'État ayant le département de la Guerre, en lui adreſſant le certificat d'incurabilité, afin qu'il puiſſe prononcer ſur le ſort de cet homme.

11. Au

11.

Au cas qu'un Soldat réduit à une incurabilité absolue, n'eût aucun moyen de subsister chez lui, veut Sa Majesté que cet homme soit alors rayé du contrôle du régiment auquel il appartient; & sur le compte qui en sera rendu au Secrétaire d'État ayant le département de la Guerre, par le Commissaire des guerres, il sera adressé des ordres pour faire envoyer ledit malade, aux frais du Roi, dans l'Hôpital de charité le plus voisin, & pour l'y entretenir sur le pied qui sera convenu avec les Administrateurs dudit Hôpital, ainsi & de la même manière qu'il en a été usé dans tous les temps. Les Administrateurs des Hôpitaux seront payés de la somme réglée pour cet objet, sur les ordonnances des Intendans des Généralités, qui s'assureront de l'existence desdits Soldats, & en informeront tous les six mois le Secrétaire d'État ayant le département de la Guerre.

12.

Les maladies chroniques susceptibles de guérison, continueront d'être traitées aux Hôpitaux; mais les Officiers de santé auront soin de ne pas les y laisser s'invétérer; & pour cet effet ils essayeront de faire changer d'air les Soldats attaqués de pareilles maladies. En conséquence, Sa Majesté autorise les Commandans des Corps à envoyer chez eux, ou dans un des Hôpitaux bourgeois du Royaume qui sera désigné par le Secrétaire d'État ayant le département de la Guerre, les Soldats attaqués desdites maladies, & ce, sur les certificats des Médecins & Chirurgiens-majors des Hôpitaux, visés des Commissaires des guerres qui en ont la police; lesquels certificats feront mention du temps qu'il aura paru nécessaire d'accorder auxdits Soldats pour rester dans leur pays; & les congés qui leur seront donnés seront limités en conséquence.

Enjoint Sa Majesté aux Commandans des Brigades de Maréchaussée du Royaume, de veiller sur lesdits Soldats, de les faire rejoindre à l'expiration de leurs congés, &

même auparavant, si leur santé est rétablie; & dans le cas où à l'expiration de leurs congés ils ne seroient pas en état de joindre, de les conduire chez le Commissaire des guerres ou le Subdélégué, qui les fera visiter par des Médecins & Chirurgiens du lieu bien sâmés, lesquels lui délivreront deux certificats pareillement motivés, qu'il adressera au Ministre, qui en fera passer un au régiment auquel appartiennent lesdits Soldats. Le Commissaire des guerres ou le Subdélégué sera alors autorisé à proroger leurs congés.

Ordonne Sa Majesté aux Commandans des Corps de représenter ces certificats à l'Inspecteur à sa première revue, pour, qu'après avoir pris tous les renseignemens qu'il jugera à propos de se procurer, il prononce la réforme de l'homme, & le fasse rayer des contrôles, s'il y a lieu.

13.

POUR obvier à la prolongation & aux suites fâcheuses des convalescences longues qui souvent dégénèrent en langueur, par la qualité de l'air que l'on respire dans les Hôpitaux, il sera établi à portée des principaux Hôpitaux militaires, & sur-tout de ceux situés dans les villes dont l'air est humide, des dépôts de Convalescens, qui seront placés, soit dans d'autres villes voisines, soit à la campagne, si faire se peut, dans les lieux dont l'air soit pur & salubre, en employant pour ces établissemens les moyens les plus économiques que les Intendans des Provinces auront soin de faire connoître au Secrétaire d'État ayant le département de la Guerre.

14.

LES Officiers de santé remettront au Commissaire des guerres, un rapport de l'état des Soldats convalescens, ainsi que de ceux attaqués de maladies chroniques non contagieuses, dégénérées en simples langueurs, auxquels ils jugeroient que le changement d'air pourroit être salutaire : le Commissaire des guerres communiquera ce rapport aux Commandans des Places & des Régimens, qui en rendront compte ſur le champ au Commandant de la Province, lequel pourra expédier les ordres néceſſaires pour le départ deſdits convaleſcens; ce dont il informera le Secrétaire d'État ayant le département de la Guerre. Le Commiſſaire des guerres, qui ſe concertera avec les Commandans des Places & ceux des Régimens, ſur les précautions qui peuvent être relatives au départ deſdits convaleſcens, en inſtruira l'Intendant de la Province, qui donnera des ordres en conſéquence.

15.

POUR l'exécution des articles précédens, veut & ordonne Sa Majeſté, que les Officiers de ſanté en chef tiennent un regiſtre, tel qu'il leur eſt preſcrit par l'article 10 du Titre XXVIII.

16.

DÉFEND Sa Majeſté aux Officiers de ſanté de ſes Hôpitaux, de délivrer, ſans néceſſité urgente, des certificats aux convaleſcens qui demanderoient des chevaux ou des voitures pour ſe tranſporter à leur régiment : enjoint aux Commiſſaires des guerres de veiller très-ſcrupuleuſement à l'exécution du préſent article.

17.

TOUT ce que deſſus ſera exécuté par les Médecins & Chirurgiens-majors, à peine de retenue de deux mois d'appointemens, & de plus grande peine s'il y échet, même de deſtitution de leur emploi, & d'être déclarés incapables de ſervir dans les Hôpitaux du Roi, s'ils donnoient lieu à des abus graves, par négligence, connivence ou autrement.

18.

LES Adminiſtrateurs, Entrepreneurs ou Directeurs des Hôpitaux, rendront gratuitement au régiment, les effets des Soldats décédés dans leſdits Hôpitaux ; & il ſera payé auxdits Adminiſtrateurs ou Entrepreneurs ſix ſous pour chaque Soldat qui ſortira en bonne ſanté de l'Hôpital où il aura été traité.

TITRE XVIII.

Des Morts & de leur Sépulture.

ARTICLE PREMIER.

IMMÉDIATEMENT après le décès d'un malade ou blessé, son corps sera transporté, par les Infirmiers de quartier, dans le lieu qui sera destiné à cet effet. Fait Sa Majesté très-expresses inhibitions & défenses de laisser aucun mort dans les salles ou lieux de passage, à peine de punition exemplaire contre les Infirmiers.

2.

LES corps des malades ou blessés décédés, ne seront enterrés que vingt-quatre heures au plus tôt après leur mort, excepté dans les cas où le Médecin & le Chirurgien-major en décideroient autrement.

3.

LES enterremens seront faits, autant qu'il sera possible, à la pointe du jour; enjoint Sa Majesté aux Aumôniers d'y assister pour y réciter les prières ordonnées par l'Église.

4.

LES fosses dans lesquelles les morts seront enterrés, auront au moins quatre pieds de profondeur, & seront très-exactement remplies de terre bien foulée après que les corps y auront été déposés: Veut Sa Majesté que les Fossoyeurs, ou tous autres qui se trouveront convaincus d'avoir enlevé les draps ou linceuls dans lesquels les défunts auront été ensevelis, soient mis en prison, pour être punis suivant l'exigence des cas.

5.

SI les symptômes d'une maladie avoient donné l'indication de quelque épidémie, ou si l'incertitude des caractères avoient empêché d'en connoître la cause, les Médecins

Médecins & Chirurgiens-majors feront ou feront faire, en leur présence, l'ouverture des cadavres, à l'effet d'acquérir les notions capables de déterminer, dans des cas semblables, l'application du traitement le plus convenable : ils dresseront procès-verbal de ce qu'ils auront remarqué d'intéressant, & l'adresseront sur le champ à l'Intendant de la province & au Secrétaire d'État ayant le département de la Guerre.

6.

L'AUMÔNIER de chaque Hôpital, sera tenu d'avoir un registre coté & paraphé à chaque page par le Commissaire des guerres, dans lequel il inscrira tous les malades ou blessés qui seront morts dans l'Hôpital dont il a la direction spirituelle : ce registre contiendra le nom de famille & de guerre de chaque Soldat, Cavalier, Chevau-léger, Hussard, Dragon ou Chasseur à cheval; le lieu de sa naissance, l'Élection, Bailliage, Sénéchaussée ou Châtellenie dans le ressort desquels ledit lieu sera situé; le nom du régiment & de la compagnie où il servoit, la date du jour de son entrée dans l'Hôpital & celle du jour de sa mort.

7.

AU cas que l'Aumônier n'eût pas une connoissance suffisante du Soldat décédé, pour énoncer tous ces détails sur son registre, il aura recours au billet d'entrée que le Directeur sera tenu de lui communiquer.

8.

EN cas de retraite ou changement de l'Aumônier d'un Hôpital pour passer dans un autre, l'Aumônier sortant sera tenu de remettre à l'Aumônier entrant le registre dont il s'agit; & ledit Aumônier sortant ne sera payé de ses appointemens qu'en rapportant le récépissé dudit registre signé par son successeur.

9.

L'AUMÔNIER formera sur chaque article de son

regiſtre, deux certificats du décès de chaque Soldat; il les fera légaliſer & ſigner par le Commiſſaire des guerres ou par le Major de la Place, ou par le Subdélégué, & les remettra enſuite ou les adreſſera au Commiſſaire des guerres.

Si le régiment auquel appartenoit l'homme décédé eſt dans le lieu, le Commiſſaire des guerres remettra un des deux certificats à l'Officier chargé du détail, pour l'envoyer à la famille, & il adreſſera l'autre au Secrétaire d'État ayant le département de la Guerre; & dans le cas où le régiment ne ſe trouveroit point dans la Place, le Commiſſaire adreſſera les deux certificats au Secrétaire d'État ayant le département de la Guerre, qui en fera paſſer un au régiment & l'autre à la famille.

10.

L'AUMÔNIER remettra tous les deux mois l'extrait de ſon regiſtre au Commiſſaire des guerres, qui l'adreſſera au Secrétaire d'État ayant le département de la Guerre, avec le procès-verbal d'aſſemblée.

11.

TOUT ce que deſſus ſera exécuté par les Aumôniers de chacun des Hôpitaux de Sa Majeſté, à peine de la retenue de deux mois d'appointemens.

12.

POUR maintenir l'ordre des ſucceſſions & aſſurer le repos des familles des Soldats, Cavaliers, Chevaux-légers, Huſſards, Dragons ou Chaſſeurs à cheval, décédés au ſervice du Roi, & remédier aux inconvéniens qui pourroient réſulter de la perte des regiſtres des Aumôniers, ou des certificats mortuaires envoyés aux régimens; ordonne Sa Majeſté que, par les ordres du Secrétaire d'État ayant le département de la Guerre, il ſera tenu un regiſtre alphabétique, dans lequel, régiment par régiment, & compagnie par compagnie, ſeront enregiſtrés tous les Soldats, Cavaliers, Chevaux-légers, Huſſards, Dragons ou Chasseurs morts dans les Hôpitaux du Roi; ledit registre contenant leurs noms de famille & de guerre, le lieu de leur naissance, l'Élection, Bailliage, Sénéchaussée ou Châtellenie, dans le ressort desquels ledit lieu sera situé, le nom de l'Hôpital où ils seront décédés, & la date de leur décès; duquel registre il sera délivré gratuitement des extraits par celui qui sera commis & préposé à cet effet par ledit Secrétaire d'Etat.

TITRE XIX.

De l'Hôpital ambulant.

ARTICLE PREMIER.

LES Hôpitaux ambulans à la suite des Armées, seront dirigés conformément à tout ce qui est prescrit dans les Titres & Articles de la présente Ordonnance.

2.

FAIT défenses Sa Majesté aux Officiers de ses Troupes, d'expédier aux Soldats, Cavaliers, Chevaux-légers, Hussards, Dragons ou Chasseurs malades ou blessés, aucuns billets d'entrée dans les Hôpitaux ambulans, lorsque lesdits malades ou blessés seront en état de se transporter sans danger, dans l'Hôpital fixe le plus voisin.

3.

FAIT Sa Majesté semblables défenses aux Commissaires des guerres, Directeurs & Contrôleurs ayant la police & administration des Hôpitaux ambulans, d'y recevoir ou admettre aucun Soldat, Cavalier, Chevau-léger, Hussard, Dragon ou Chasseur malade ou blessé, qui sera en état de se rendre sans danger dans l'Hôpital fixe le plus prochain; auquel cas les Commissaires des guerres pourront mettre au dos du billet qui leur sera présenté, l'ordre pour la réception du malade ou blessé dans ledit Hôpital le plus prochain.

4.

LES malades ou bleſſés n'étant admis dans les Hôpitaux ambulans, que pour y recevoir les premiers ſecours, leſdits Hôpitaux ſeront évacués journellement ſur l'Hôpital le plus prochain, conformément à ce qui eſt porté par le Titre II.

TITRE XX.

De la forme & de l'arrêté des états de dépenſe des Hôpitaux du Roi.

ARTICLE PREMIER.

LE Directeur de chaque Hôpital ſera tenu d'avoir pour chaque deux mois, un regiſtre ſur lequel il portera jour par jour, & ſans aucun blanc ni interligne, tous les malades ou bleſſés, reſtés dans l'Hôpital le dernier du mois précédent, ceux qui y ſeront entrés pendant les mois courans, ceux qui en ſeront ſortis, & enfin ceux qui y ſeront décédés; ce regiſtre ſera paraphé à chaque page, par le Commiſſaire des guerres.

2.

LE regiſtre contiendra pour chaque malade ou bleſſé, les noms du régiment & de la compagnie, ceux de famille & de guerre, avec la qualité, le lieu de la naiſſance, l'Élection, Bailliage, Sénéchauſſée ou Châtellenie, dans le reſſort deſquels ledit lieu ſera ſitué; le jour de l'entrée, celui de la ſortie & celui de la mort, conformément aux billets d'entrée qui leur ſeront remis, ainſi qu'il eſt ordonné au Titre I.er, article 4; & ledit Directeur enliaſſera leſdits billets d'entrée & de ſortie, par ordre de régiment & de date.

3.

LE Contrôleur de l'Hôpital, s'il y en a, tiendra de ſa part, un regiſtre ſemblable, qu'il remplira au moyen des billets

billets d'entrée qui lui feront présentés avant d'être remis au Directeur, des états de transport des malades de l'Hôpital dans un autre, des notes ou listes des Médecins & Chirurgiens-majors, pour la sortie des convalescens ou incurables, qui lui seront communiquées chaque jour, des billets desdites sorties qu'il visera, & des registres des Aumôniers & Chirurgiens qu'ils seront tenus de lui représenter toutes les fois qu'il le demandera.

4.

TOUS les deux mois le Directeur de l'Hôpital sera tenu de présenter, dans les huit premiers jours du mois suivant, au Commissaire des guerres, l'état des journées des Soldats qui restoient audit Hôpital, au 1.er desdits deux mois précédens, de ceux qui y seront entrés malades ou blessés pendant lesdits deux mois, de ceux qui en seront sortis & de ceux qui y seront morts: cet état sera distingué régiment par régiment, & contiendra en plusieurs colonnes, le nom de la compagnie de chaque Soldat, Cavalier, Chevau-léger, Hussard, Dragon ou Chasseur à cheval; ses noms de famille & de guerre, le lieu de sa naissance, l'Élection, Bailliage, Sénéchaussée ou Châtellenie, dans le ressort desquels ledit lieu sera situé; le grade du malade, la nature des maladies sous les dénominations de *fièvreux, blessé* ou *vénérien;* les jours d'entrée, de sortie ou de mort; & le total des journées que chaque malade sorti ou mort, aura passées dans l'Hôpital, sera porté dans la même ligne, où seront de suite mentionnées les retenues faites sur chacun d'eux.

5.

DANS le nombre des journées de l'état ci-dessus, ne seront point compris le jour de la sortie, ni même celui de la mort, à moins que le malade ne meure le jour de son entrée à l'Hôpital.

6.

LES malades restans seront compris nominativement dans lesdits états, & le nombre de leurs journées y sera

Q

de même porté; mais la dépenſe qui les concerne n'y ſera employée que lors de la ſortie deſdits malades reſtans, & les journées ne ſeront payées qu'à cette époque, aux Adminiſtrateurs ou Entrepreneurs.

7.

Le Directeur joindra à l'état ci-deſſus, les pièces juſtificatives de l'entrée de chaque Soldat, Cavalier, Chevau-léger, Huſſard, Dragon ou Chaſſeur à cheval, conſiſtant dans les billets d'entrée & les états d'évacuation des malades ou bleſſés qui auront été envoyés des autres Hôpitaux.

Il joindra au même état, les doubles des billets de ſortie.

8.

A l'égard des Soldats reſtans qui ſeront mentionnés dans ledit état, ſuivant l'article 6 précédent, le Directeur ne devant porter en dépenſe leurs journées que lorſqu'ils ſeront ſortis, il gardera par-devers lui, leurs billets d'entrée juſqu'au moment de leur ſortie ou de leur mort, lors de laquelle ſeulement pourront être exercées les retenues qui les concerneront.

9.

Il ſera fait à la ſuite dudit état, une récapitulation du nombre de journées, & du montant des retenues faites: laquelle récapitulation contiendra, en pluſieurs colonnes, régiment par régiment, le nombre des hommes ſortis ou morts, & celui des journées, diſtingué par genre de maladies, & le montant des retenues par chaque régiment.

10.

Cette récapitulation ſera ſuivie de l'état général des dépenſes, dans lequel ſera établi le montant de toutes les journées, tant d'Officiers que de Soldats & autres, ſortis ou morts, d'après les prix fixés par les marchés, en déduction duquel montant ſera enſuite porté le total des retenues, pour le réſultat être au compte du Roi.

11.

A la ſuite de ce réſultat ſeront portés les appointemens & journées de nourriture au compte du Roi, des Commis aux ſalles, des Chirurgiens & Apothicaires-aide-majors, Sous-aide-majors & Elèves, des Portiers & Infirmiers; & ces dépenſes, réunies au réſultat qui les précède, formeront le total de celles qui devront être employées dans les états de dépenſes des journées.

12.

Enfin, l'état ſera terminé par une ſeconde récapitulation des malades ou bleſſés reſtés des mois précédens, de ceux qui ſeront entrés, ſortis ou morts pendant les deux mois dont il s'agit d'établir la dépenſe, & de ceux qui reſtoient le dernier deſdits deux mois.

13.

Le Directeur ſera tenu de faire mention dans la colonne des jours de ſortie, des Soldats, Cavaliers, Chevaux-légers, Huſſards, Dragons ou Chaſſeurs à cheval qui, de ſon Hôpital, auront été envoyés dans un autre; ce qu'il fera, en écrivant au-deſſous de la date de la ſortie, le nom de l'Hôpital où ledit Soldat, Cavalier, &c. aura été envoyé.

La colonne de la ſortie ſera diviſée à cet effet en deux, dont l'une déſignera les malades ſortis par billet, & l'autre ceux ſortis par évacuation.

14.

L'état préſenté au Commiſſaire des guerres en la forme ci-deſſus, ſera par lui vérifié ſur les pièces juſtificatives, en préſence du Contrôleur, de l'Aumônier, du Médecin & du Chirurgien-major, leſquels apporteront les regiſtres qu'ils auront tenus, & les communiqueront au Commiſſaire lorſqu'ils en ſeront requis; & ladite vérification faite, l'état certifié par les Directeur & Contrôleur conforme à leur regiſtre, ſera clos & arrêté par ledit Commiſſaire.

TITRE XX.

15.

VEUT & ordonne Sa Majesté, qu'au cas que par la vérification ci-dessus, il se trouve que les Directeurs aient employé des noms de malades ou blessés supposés, ou qu'ils aient augmenté les journées desdits malades ou blessés au-delà de celles qu'ils ont effectivement passées dans l'Hôpital, il en soit dressé procès-verbal par le Commissaire des guerres, qui le fera signer par les Contrôleur, Aumônier, Médecin & Chirurgien-major présens, pour, sur le vu dudit procès-verbal, être lesdits Directeurs qui auront présenté lesdits états de dépense, privés de leur emploi, & condamnés en une amende de quinze cents livres, applicable à l'Hôpital des pauvres du lieu, ou autre plus prochain, s'il n'y en a point dans le lieu; & au cas qu'il y ait un dénonciateur, la moitié de l'amende sera prononcée à son profit, & l'autre moitié au profit de l'Hôpital du lieu ou du plus prochain; de laquelle moitié d'amende le dénonciateur sera payé en déduction de ce qui sera dû à l'Administrateur ou Entrepreneur, tenu de répondre civilement des faits de son Directeur, sur le certificat du Commissaire des guerres, portant que la fausseté ou la supposition a été reconnue sur la dénonciation.

16.

INDÉPENDAMMENT dudit état de journées & des dépenses qui y sont relatives, il sera fait un état séparé des dépenses extraordinaires, au compte du Roi, que l'Administrateur, Entrepreneur ou Directeur est tenu de payer tous les deux mois, consistant dans les appointemens des Contrôleurs, de l'Aumônier, des Officiers de santé en chef, ainsi qu'ils sont réglés aux Titres qui les concernent, & autres objets de dépense qu'il est tenu d'acquitter.

17.

EN marge de l'état nominatif de tous ceux dont le Directeur payera les appointemens, sera porté leur acquit; & pour tous les autres objets de dépense qu'il sera tenu d'acquitter, d'acquitter, il rapportera les pièces justificatives des payemens qu'il en aura faits.

18.

Il sera fait, tous les deux mois, quatre expéditions de chacun de ces états, signées les unes comme les autres par le Directeur, par le Contrôleur & le Commissaire des guerres; desquelles expéditions trois seront envoyées par le Commissaire des guerres au Commissaire-ordonnateur, ou principal du département, qui, après les avoir visées, les adressera, avec les pièces justificatives, à l'Intendant de la Province, qui en devra faire passer une au Secrétaire d'État de la Guerre, avec lesdites pièces justificatives, remettra au Trésorier la seconde, revêtue de son ordonnance, & conservera la troisième: & seront lesdites expéditions remises à leur destination le 10, & au plus tard le 15 du mois suivant ceux pour lesquels l'état aura été arrêté, à peine contre les Directeurs de cent livres d'amende pour les retards qui proviendroient de leur négligence.

19.

Le montant du prix des journées, sera porté dans les états de dépense formés chaque deux mois, sur le pied réglé par les Traités faits avec les Administrateurs ou Entrepreneurs.

TITRE XXI.

Des Retenues aux Troupes pour journées d'Hôpitaux.

ARTICLE PREMIER.

Les retenues à faire aux Troupes pour les journées des Soldats aux Hôpitaux, seront exercées, conformément aux Tarifs dressés à ce sujet; & lorsque les Troupes seront dans le royaume, ſur tous les régimens & corps auxquels leſdits Soldats appartiendront.

2.

En conſéquence, veut Sa Majeſté, que les Commiſſaires des guerres, lors de leurs revues, dans leſquelles ils ne doivent comprendre que les hommes préſens ſous les armes, ceux abſens par ſemeſtre ou par congé limité, & ceux exiſtans dans l'Hôpital du lieu, ſoient tenus de porter à la ſuite, pour *mémoire* ſeulement, les hommes déclarés exiſtans dans les Hôpitaux externes, & de les rappeler dans leur revue ſubſéquente (au moyen d'un état nominatif arrêté par eux, qui reſtera annexé à chaque extrait de revue) ſur le vu des feuilles de retenue qui leur ſeront préſentées par les régimens à qui le Tréſorier les aura données pour comptant; & ce pour tout le temps que leſdits hommes auront ſéjourné dans leſdits Hôpitaux; leſquelles feuilles de retenue ſeront jointes à la revue qu'ils adreſſeront aux Intendans des Provinces, comme pièces juſtificatives.

3.

Lorsque les Armées ſeront hors du royaume, les retenues ceſſeront d'être exercées; les Commiſſaires des guerres paſſeront alors comme abſens les hommes déclarés être aux Hôpitaux, & n'en feront mention que pour *mémoire* dans leurs extraits de revues.

4.

Toutes les feuilles de retenue ſeront vérifiées par le Commiſſaire des guerres, ſur les contrôles des régimens, pour éviter toute erreur.

5.

Les feuilles de retenue ſeront expédiées tous les deux mois par les Adminiſtrateurs ou Entrepreneurs des Hôpitaux militaires & de charité, conformément aux états de dépenſes; elles ſeront certifiées par le Directeur, contrôlées par le Contrôleur, & viſées par le Commiſſaire des guerres, chargé de la police de l'Hôpital.

Le montant desdites feuilles de retenue sera acquitté dans chaque endroit, sans déduction des quatre deniers pour livre, par le Trésorier de la guerre, qui les donnera pour comptant aux régimens.

6.

LESDITES feuilles de retenue contiendront les noms des compagnies, de famille & de guerre de tous les malades sortis de chaque Hôpital, leur grade, le nombre de leurs journées & la somme à retenir. Au dos desdites feuilles de retenue, seront portés nominativement les malades du même régiment restans à l'Hôpital, pour lesquels il ne doit être expédié de feuille de retenue que lors de leur sortie, & ce, pour donner seulement connoissance audit régiment, de l'Hôpital où sont restés lesdits malades.

7.

LES retenues sur la solde des Soldats, Cavaliers, Chevaux-légers, Hussards, Dragons ou Chasseurs à cheval, seront faites, à la réserve de ce qui est affecté à la masse des Troupes pour l'entretien du linge & chaussure, conformément aux tarifs, & portées dans les états de dépense, en déduction de ce qui est à payer par le Roi.

8.

LES retenues sur les Officiers, pour les journées qu'ils auront passées aux Hôpitaux, seront faites au prix porté dans les tarifs.

9.

LES retenues qu'il est d'usage de faire, pour raison de la dépense des Servans, en sus du prix de la journée, sur lesdits Officiers & tous ceux dénommés dans les tarifs, autres que les Soldats, Cavaliers, Chevaux-légers, Hussards, Dragons ou Chasseurs à cheval, seront exercées conformément auxdits tarifs, & portées dans les états de dépense, en déduction de ce qui est à payer par Sa Majesté.

10.

La dépenſe des hommes de recrue qui n'auront point encore rejoint leurs régimens ou les dépôts qui leur feroient affectés, ſera à la charge des corps pour leſquels ils ſont deſtinés, conformément aux diſpoſitions énoncées en l'article 7 du Titre I.er

11.

Les journées qui ſe trouveront employées dans les états d'Hôpitaux pour le 31 des mois de Janvier, Mars, Mai, Juillet, Août, Octobre & Décembre, ſeront payées en entier au compte de Sa Majeſté, & ſur le même pied que les autres journées.

12.

Le droit de ſix ſous pour la ſortie de chaque convaleſcent, accordé à l'Adminiſtrateur ou Entrepreneur pour la garde des effets des malades, & de quarante ſous pour chaque enterrement, ſera pareillement porté en entier au compte du Roi.

Les ſix ſous de ſortie ne ſeront point alloués pour ceux des malades qui ſortiront par évacuation.

13.

S'il y a des feuilles de retenues refuſées, les raiſons de refus ſeront détaillées par écrit ſur la feuille même, viſée par le Commiſſaire des guerres, chargé de la police du régiment, & la feuille renvoyée. Dans les cas où le refus auroit été fondé, l'erreur ſera corrigée dans un état de dépenſe ſubſéquent, auquel ſera jointe la feuille de retenue refuſée.

14.

La valeur des effets appartenans à l'Adminiſtrateur ou Entrepreneur, leſquels ſeront caſſés ou dégradés par les malades, ou tous autres attachés au ſervice, lui ſera payée par retenue ſur les appointemens, gages ou ſolde de ceux qui les auront briſés.

TITRE XXII.

TITRE XXII.

Des Commandans des Places.

ARTICLE PREMIER.

LE mouvement de l'Hôpital sera porté chaque jour au Commandant de la Place.

2.

LES Commandans des Places chargeront, chaque jour, un ou plusieurs Officiers de la garnison, de la visite de l'Hôpital, lesquels seront tenus d'assister à la distribution des alimens du matin, de même qu'à celle du soir.

3.

LES Officiers ne pouvant rien ordonner, il leur sera présenté, lors de leur visite, un registre coté & paraphé par le Commissaire des guerres, dans lequel ils porteront en bref, les observations qu'ils auront à faire sur les diverses fournitures qui y seront désignées, pour qu'en marge de chaque article lesdits Officiers puissent en indiquer les qualités, & que ce registre représenté au Commissaire des guerres, lui annonce chaque jour le jugement qu'ils en auront porté.

4.

LES Officiers chargés de la visite de l'Hôpital rendront compte au Commandant de la Place de tout ce qu'ils auront remarqué lors de leur visite. Le Commandant de la Place fera lui-même des visites à l'Hôpital, soit de jour, soit de nuit, toutes les fois qu'il le jugera convenable, pour s'assurer si le service s'y fait conformément aux Ordonnances; s'il s'aperçoit de quelques abus, il en avertira le Commissaire des guerres, pour qu'il les fasse cesser; faute de quoi il en rendra compte au Commandant de la Province.

5.

IL ſera commandé, chaque jour, un ou deux Sergens de planton, qui devront, ſuivant l'uſage, aſſiſter aux peſées de la viande du matin & de l'après-midi, ainſi qu'à celles du pain, après s'être fait remettre par le Directeur, le mouvement qui doit certifier la quantité de Malades, d'Infirmiers ou autres qui doivent participer à la conſommation des alimens; leſdits Sergens ſe conformeront à ce qui eſt preſcrit par l'article 7 du Titre VIII, & à ce qui pourroit leur être ordonné pour le bien du ſervice, par le Commiſſaire des guerres.

6.

LORSQUE les bâtimens de l'Hôpital exigeront des réparations conſidérables, ou qu'il ſera néceſſaire de procéder à la conſtruction de nouveaux bâtimens pour le ſervice, les Commandans des Places ſeront appelés à donner leur avis, tant ſur la nature des ouvrages à faire, que ſur le devis qui en ſera dreſſé; & l'adjudication deſdits ouvrages, s'il y a lieu, ne pourra ſe faire qu'en leur préſence; les Commandans des Places rendront compte du tout au Commandant de la Province.

TITRE XXIII.

Des Commiſſaires-ordonnateurs & principaux des guerres; & des Commiſſaires à département, chargés de la police des Hôpitaux.

ARTICLE PREMIER.

LES Commiſſaires-ordonnateurs & principaux des guerres, auront, ſous l'autorité des Intendans des Provinces, la police ſupérieure des Hôpitaux établis dans l'étendue de leurs départemens; ils les viſiteront au moins une fois par an, & s'y tranſporteront toutes les fois que les circonſtances l'exigeront; ils veilleront à ce que les Commissaires à département, chargés de la police de chaque Hôpital, y remplissent exactement les fonctions qui leur sont attribuées, & leur donneront à cet effet les instructions qu'ils jugeront convenables, après néanmoins qu'elles auront été approuvées par les Intendans de la Généralité, auxquels ils doivent les communiquer. Les Commissaires-ordonnateurs & principaux, se conformeront au surplus à tout ce qui leur est prescrit par la présente Ordonnance.

2.

TOUS les Officiers & Employés de chaque Hôpital, sans aucune exception, seront aux ordres du Commissaire des guerres auquel ils rendront compte de leur conduite, & seront tenus de représenter leurs registres, toutes les fois qu'il le requerra, à peine de désobéissance.

3.

LE Commissaire des guerres tiendra la main à ce que lesdits Officiers & Employés exécutent ce qui leur est prescrit par les articles de la présente Ordonnance; en cas de négligence, fraude ou autres délits de la part des Directeurs, Contrôleurs, Commis aux salles, Aumôniers, Médecins, Chirurgiens-majors, Apothicaires en chef, Chirurgiens & Apothicaires-aides-majors, Sous-aides-majors & Élèves, il en instruira l'Intendant du département & procédera contre eux, ainsi qu'il est ordonné pour les cas qui ont été prévus, même pourra les interdire, pour cas grave, jusqu'à nouvel ordre.

4.

A l'égard des Infirmiers, Portiers, Cuisiniers, Balayeurs, & généralement de tous les Employés servans de l'Hôpital, soumis à sa police, il les punira des peines portées en la présente Ordonnance; & dans les cas imprévus, par des amendes prononcées au profit des pauvres du lieu, expulsion de l'Hôpital & emprisonnement, suivant les circonstances, à la charge néanmoins d'en informer l'Intendant du département.

5.

Tout Soldat, Cavalier, Chevau-léger, Hussard, Dragon ou Chasseur, malade ou blessé, sera pareillement soumis aux ordres & à la juridiction du Commissaire des guerres, dans tous les cas qui intéresseront le service & la police de l'Hôpital.

6.

Le Sergent de garde de l'Hôpital recevra les consignes du Commissaire des guerres, pour les donner aux Sentinelles, & sera à ses ordres.

7.

Le Commissaire des guerres veillera particulièrement sur les Aides-majors, Sous-aides-majors, Élèves-chirurgiens & Apothicaires ; il aura soin de se faire rendre compte de leurs talens, de leur application, de leurs mœurs, de leur conduite, & de se faire remettre tous les six mois, par les Officiers de santé en chef, un état où sera consigné le jugement qu'ils en porteront, pour adresser ledit état avec ses observations, au Secrétaire d'État ayant le département de la guerre, & copie à l'Intendant de la Province.

8.

Tous les Chirurgiens & Apothicaires-aides-majors, Sous-aides-majors & Élèves, étant payés au compte du Roi, ainsi que les Portiers & Infirmiers, le Commissaire des guerres tiendra la main à ce qu'il n'en soit employé aucun dans les Hôpitaux que conformément aux règles prescrites.

9.

La surveillance du Commissaire des guerres devant aussi s'étendre sur les bâtimens des Hôpitaux militaires, il rendra compte au Secrétaire d'État ayant le département de la Guerre, dans le procès-verbal de l'assemblée qui sera tenue tous les deux mois, de l'état des bâtimens, ainsi que des réparations & ouvrages qu'ils exigeroient,

& pourra ordonner les dépenses urgentes & menues réparations jusqu'à la concurrence de trois cents livres par année & par Hôpital, ainsi qu'il est prescrit par le Titre XXXIV; à charge de rendre compte audit Secrétaire d'État desdites menues réparations, & de justifier de leur exécution par des états qui en contiendront le détail, lesquels seront certifiés par ledit Commissaire des guerres, & payés, sur ses ordres, par les Administrateurs ou Entrepreneurs, aux particuliers qui auront fait lesdits ouvrages.

10.

INDÉPENDAMMENT des visites journalières que le Commissaire des guerres fera dans les salles, offices & magasins de l'Hôpital, il en fera souvent d'extraordinaires de jour & de nuit, & au moment où il sera le moins attendu, pour s'assurer par lui-même de la régularité du service; lors de ces visites, il se fera rapporter le registre du Directeur, sur lequel il fera l'appel des malades & blessés, Chirurgiens, Apothicaires & Infirmiers; & au cas de supposition, il procédera ainsi qu'il appartiendra.

11.

LE Commissaire des guerres sera tenu au surplus de se conformer à tout ce qui le concerne personnellement dans les différens Titres de la présente Ordonnance.

TITRE XXIV.

Des Contrôleurs.

ARTICLE PREMIER.

LE Contrôleur établi dans les principaux Hôpitaux, suppléera aux fonctions du Commissaire des guerres en son absence, à l'exception néanmoins des cas de juridiction & des peines à prononcer, qui seront réservées audit Commissaire des guerres, pour y pourvoir à son retour, sur le compte qui lui en sera rendu par le Contrôleur.

2.

A l'égard des fonctions particulières qui le concernent, il se conformera à tout ce qui est prescrit par les articles précédens ou suivans de la présente Ordonnance, & exécutera ponctuellement les ordres qui lui seront donnés par le Commissaire des guerres.

3.

Sur la représentation des billets d'entrée, le Contrôleur tiendra un registre de tous les Soldats qui seront reçus dans l'Hôpital, duquel registre il remettra chaque jour un extrait, faisant état de mouvement, au Commissaire des guerres & un autre au Commandant ou Major de la Place, s'il le requiert : il aura soin, à l'égard de ceux qui seront sortis ou décédés, de faire mention à leur article de la date de leur sortie ou de leur mort; lesquelles mentions il portera pareillement dans les extraits qu'il fournira au Commissaire des guerres, Commandant ou Major de la Place.

4.

Le même Contrôleur tiendra pareillement un autre registre de tous les Élèves-chirurgiens, Élèves-apothicaires & Infirmiers servant les malades & blessés; lequel *agenda* contiendra leur nom, les jours de leur entrée, ceux de leur sortie, & ceux auxquels ils auront cessé de servir pour cause de maladie. Il remettra à la fin de chaque mois un extrait de ce registre au Commissaire des guerres, pour le mettre en état d'arrêter, en plus grande connoissance de cause, l'état de la dépense de l'Hôpital.

5.

Le Contrôleur, en assistant à l'arrêté dudit état de dépense de chaque deux mois, sera pourvu de ses registres, à l'effet de vérifier, au moyen d'iceux, chaque article, & de rectifier les erreurs ou prévenir les surprises.

6.

Il fera régulièrement tous les jours, à neuf ou dix heures du soir, & quelquefois plus tard, aux heures où il sera le moins attendu, une ronde pour voir si les Chirurgiens & Infirmiers de garde veillent & font leur service, & pour faire punir ceux qui seront dans le cas de l'être.

7.

Il fera de temps en temps une visite générale de tous les bâtimens de l'Hôpital, dans laquelle il se fera accompagner de Maçons, Charpentiers & autres Experts, s'il est nécessaire; & s'il trouve des réparations indispensables, il en informera sur le champ le Commissaire des guerres, afin qu'il y pourvoie ainsi qu'il conviendra.

8.

Pour prévenir tout accident d'incendie, il aura soin que les tuyaux des cheminées, fourneaux & poêles, soient nettoyés & ramonés tous les quinze jours, & même plus souvent s'il en est besoin : ce nettoiement étant à la charge de l'Administrateur ou Entrepreneur, le Contrôleur y contraindra ou fera contraindre le Directeur par le Commissaire des guerres.

9.

Les places de Contrôleurs seront données de préférence aux Officiers parvenus par les grades de bas Officiers, qui seront reconnus capables de les remplir, toutefois après le remplacement de ceux des anciens auxquels il a été conservé un traitement, & qui seroient jugés en état de pouvoir reprendre leurs fonctions.

10.

Les appointemens des Contrôleurs sont réglés en raison de l'ordre dans lequel ont été classés les Hôpitaux militaires auxquels ils seront attachés :

SAVOIR:

A ceux employés (au nombre de cinq) dans les Hôpitaux du premier ordre 1500tt

A ceux employés (au nombre de neuf) dans les Hôpitaux du second ordre . . . . 1200.

A ceux employés (au nombre de dix) dans les Hôpitaux du troisième ordre . . . . 800.

Et le nombre des Contrôleurs demeurera ainsi fixé.

11.

CES appointemens leur seront payés tous les deux mois par les Administrateurs ou Entrepreneurs qui passeront cet objet de dépense dans leurs états, sans autre déduction que celle de quatre deniers pour livre.

12.

DANS les Hôpitaux où il n'y aura point de Contrôleurs, tout ce qui leur est prescrit sera exécuté par les Directeurs en ce qui concerne les états à fournir, & par les Commis aux salles, en ce qui concerne la police intérieure.

13.

LES Contrôleurs seront logés, autant qu'il sera possible, dans les Hôpitaux.

TITRE XXV.

Des Administrateurs, Entrepreneurs, leurs Directeurs, Commis & Préposés.

ARTICLE PREMIER.

LES Administrateurs ou Entrepreneurs, leurs Directeurs, Commis ou Préposés, tiendront des registres exacts, & se conformeront scrupuleusement à ce qui leur est prescrit par la présente Ordonnance, ainsi que par les traités qui leur sont passés, ou le seront à l'avenir.

2. LES

2.

LES appointemens de l'Aumônier, des Contrôleurs, des Commis aux salles, des Médecins, Chirurgiens-majors, des Chirurgiens & Apothicaires, Aides-majors, Sous-aides-majors & Elèves, ainsi que les gages des Portiers & des Infirmiers, seront payés tous les deux mois par les Administrateurs ou Entrepreneurs qui seront tenus de les porter dans leurs états de dépense, par nom & surnom, suivant leur qualité ou leur grade; mais en cas de maladie, de mort ou de sortie, leurs appointemens, gages & journées de nourriture devant cesser, le Commissaire des guerres tiendra la main à ce que lesdits appointemens & journées de nourriture ne soient passés que pendant le temps de leur service dans l'Hôpital.

3.

LES nourritures, traitemens, tant en santé qu'en maladie, des Directeurs, Commis & Préposés des Administrateurs ou Entrepreneurs, seront au compte desdits Administrateurs ou Entrepreneurs, auxquels il ne sera passé dans les états de dépense que le traitement en maladie des Aumôniers, Médecins, Chirurgiens-majors & autres dont les appointemens sont payés par le Roi; à charge néanmoins des retenues qui seront exercées sur lesdits appointemens.

4.

TOUS les effets & ustensiles nécessaires à la manutention du service, seront fournis par les Administrateurs ou Entrepreneurs. Tous les effets à demeure, de la garde & conservation desquels ils seront tenus, resteront à la charge du Roi, & tous les ans il en sera fait, dans chaque Hôpital, par le Commissaire des guerres en ayant la police, un inventaire, dont expédition sera par lui envoyée au Secrétaire d'État ayant le département de la Guerre, & à l'Intendant de la Province.

5.

LES Administrateurs ou Entrepreneurs devront toujours

avoir des approvisionnemens en quantité suffisante pour assurer le service pendant six mois au moins; à l'effet de quoi il leur sera fourni les magasins & emplacemens nécessaires.

6.

LES Directeurs seront logés de préférence à tous autres dans les Hôpitaux.

7.

IL sera permis au Directeur de faire des visites dans toutes les chambres des Chirurgiens & Apothicaires, Infirmiers & autres Employés dans l'Hôpital, pour reconnoître s'il ne s'y trouve aucuns effets ou denrées appartenans à l'Administrateur ou Entrepreneur: ces visites se feront en présence du Contrôleur ou du Commis aux salles, qui en rendra compte au Commissaire des guerres.

TITRE XXVI.

Des Commis aux salles.

ARTICLE PREMIER.

SA MAJESTÉ établit des Commis aux salles dans les Hôpitaux militaires pour le maintien de leur police intérieure.

2.

LES Commis aux salles seront surbordonnés aux Contrôleurs, qu'ils suppléeront en tout ce qui concerne la police, & aux Directeurs pour faire exécuter leurs ordres relativement au service.

3.

ILS tiendront la main à ce que les Infirmiers, dont la police leur est particulièrement attribuée, remplissent exactement leurs devoirs.

4.

ILS veilleront à la tenue des salles & à y maintenir la netteté, la clarté, & la température qui doit être réglée par les Officiers de santé.

5.

ILS ſuivront les viſites des Officiers de ſanté, ainſi que la diſtribution des alimens & médicamens.

6.

ILS s'attacheront à connoître par de fréquentes viſites, tant de jour que de nuit, tout ce qui pourroit être néceſſaire aux malades, afin qu'il y ſoit ſur le champ pourvu, ſoit par eux-mêmes, ſoit par les Infirmiers auxquels ils preſcriront de le faire.

7.

S'ILS s'aperçoivent de quelque négligence dans des détails, qui regardent les Directeurs, ils en préviendront les Contrôleurs, s'il y en a; & à leur défaut, ils pourront faire directement leurs repréſentations aux Directeurs.

8.

ILS rendront compte au Contrôleur, dans tous les Hôpitaux où il y en aura, & à leur défaut, aux Commiſſaires des guerres en ayant la police.

9.

LES Commis aux ſalles ſeront choiſis parmi les bas Officiers, Sergens ou Fourriers retirés du ſervice avec ſolde ou demi-ſolde.

10.

LE traitement des Commis aux ſalles, ſera fixé à dix-huit livres par mois, & leur ſera payé, au compte du Roi, par les Adminiſtrateurs ou Entrepreneurs, qui l'emploîront dans leurs états de dépenſe de chaque deux mois, en ſus de la nourriture qui ſera paſſée dans les états, au même prix que la journée des malades.

11.

LE nombre des Commis aux ſalles ſera réglé à raiſon de deux dans les Hôpitaux du premier ordre; à l'égard de ceux des ſecond, troiſième & quatrième ordres, où les fonctions desdits Commis seront jugées nécessaires au bien du service, il y sera pourvu par le Secrétaire d'État ayant le département de la Guerre, sur le compte qui lui en sera rendu.

TITRE XXVII.

De l'Aumônier.

ARTICLE PREMIER.

L'AUMÔNIER ne souffrira pas qu'aucun Soldat, Cavalier, Chevau-léger, Hussard, Dragon ou Chasseur catholique, soit trois jours dans l'Hôpital sans se confesser, & n'attendra pas que les Médecin ou Chirurgien-major l'avertissent. Il dira, tous les jours, la Messe à une heure réglée, fera la prière tous les soirs, & ensuite une ronde dans les salles, & ne négligera rien pour l'administration des Sacremens.

2.

L'AUMÔNIER fera de temps en temps des exhortations dans les salles, & couchera dans l'Hôpital, s'il est possible, ou au moins très-à-portée.

3.

LE pain, le vin, les cierges, & généralement tout ce qui sera nécessaire pour l'administration des Sacremens & l'entretien de la Chapelle, sera fourni par l'Administrateur ou Entrepreneur, qui sera tenu d'avoir une lampe perpétuellement allumée devant l'Autel.

4.

LE traitement de l'Aumônier lui sera payé, tous les deux mois, par les Administrateurs ou Entrepreneurs, qui porteront cet objet de dépense dans leurs états.

5.

ENJOINT au surplus, Sa Majesté, aux Aumôniers de ses Hôpitaux, de se conformer à ce qui leur est prescrit par

par le Titre XVIII de la préſente Ordonnance, concernant les regiſtres mortuaires qu'ils doivent tenir, & les extraits qu'ils en doivent envoyer.

TITRE XXVIII.

Des Médecins & Chirurgiens-majors.

ARTICLE PREMIER.

LE Médecin ſe conformera à tout ce qui lui eſt preſcrit par les articles de la préſente Ordonnance qui le concernent.

2.

LES Apothicaires-majors, Aides-majors, Sous-aides-majors & Élèves, ſeront aux ordres, principalement du Médecin qui pourra propoſer au Commiſſaire des guerres le renvoi de tous les Élèves qui manqueroient de capacité & d'aſſiduité à leurs devoirs.

Il aura la même autorité ſur les Apothicaires-majors & Aides-majors en chef, en informant le Commiſſaire des guerres & l'Intendant du département, des raiſons qu'il y auroit de les renvoyer, afin qu'il y ſoit pourvu.

3.

LES Médecins en ſecond, dans les Hôpitaux où il en ſera placé, ſeront particulièrement chargés de diriger le Cours de Médecine qui doit y être fait, & de ſuppléer les premiers Médecins dans leurs fonctions.

4.

LES Médecins ſurnuméraires appointés, dans les Hôpitaux où il en ſera placé, ſeront ſubordonnés aux Médecins titulaires deſdits Hôpitaux, & en leur abſence, ils en rempliront les fonctions.

5.

DANS les Hôpitaux où il n'y aura point de Médecin, ou en ſon abſence, tout ce qui lui eſt preſcrit par la préſente Ordonnance, ſera exécuté par le Chirurgien-major.

6.

Le Chirurgien-major ſe conformera à tout ce qui lui eſt preſcrit par les articles de la préſente Ordonnance qui le concernent.

7.

Le Chirurgien-major eſt & ſera le chef de tous les Chirurgiens-aides-majors, Sous-aides-majors & Élèves de l'Hôpital, qui ſeront tenus de lui obéir comme à leur Supérieur, en tout ce qui concerne ſon art & le ſervice; & il pourra propoſer au Commiſſaire des guerres le renvoi de tous ceux qui manqueroient de capacité & d'aſſiduité à leurs devoirs.

8.

Le Chirurgien-major obligera tous les Élèves-chirurgiens, de coucher à l'Hôpital; & s'il y eſt logé lui-même, il fera une ronde toutes les nuits dans leur chambre, pour s'aſſurer qu'ils y ſont, ou en chargera un Aide-major en ſa place.

9.

Cours de chirurgie

Le Chirurgien-major en ſecond, dans tous les Hôpitaux où il en ſera placé, ſera particulièrement chargé des Cours de Chirurgie & d'Anatomie qui devront y être faits, & de ſuppléer le premier Chirurgien-major dans toutes ſes fonctions.

10.

registres des entrées des sorties et des maladies

Les Médecin & Chirurgien-major de chaque Hôpital, rempliront exactement le regiſtre qu'il leur eſt ordonné de tenir par l'article 15 du Titre XVII, lequel contiendra les noms des Soldats qui ſeront reçus dans les Hôpitaux, ainſi que la nature des maladies & infirmités dont ils ſont attaqués; & tous les deux mois ils en donneront au Commiſſaire des guerres un extrait tendant à faire connoître le nombre des Soldats décédés, & la cauſe de leur mort; le nombre de ceux ſortis non guéris & les motifs de leur non-guériſon: cet extrait ſera joint au procès-verbal de l'Aſſemblée qui ſe tiendra tous les deux mois, conformément à l'article I.er du Titre XXXIV.

11.

LES mêmes Officiers de santé remettront aussi, tous les six mois, au Commissaire des guerres, des notes particulières sur les talens, les mœurs & la conduite des Aides-majors, Sous-aides-majors & Élèves-chirurgiens & Apothicaires employés sous leurs ordres.

12.

DANS le cas où les Médecin & Chirurgien-major d'un Hôpital, viendroient à le quitter, pour passer dans un autre ou pour toute autre destination, les sortans seront obligés de remettre à ceux qui les remplaceront, les registres qu'ils auront tenus, conformément à l'article 10, & les notes qu'ils auront faites, conformément à l'article 11; attendu que lesdits registres & notes appartiennent à l'Hôpital, où ils doivent rester en dépôt.

13.

TOUS les Médecins & Chirurgiens-majors des Hôpitaux militaires du Royaume, enverront exactement tous les trois mois au Secrétaire d'État ayant le département de la Guerre, les observations qu'ils feront sur les différens symptômes & accidens des maladies, & rendront compte particulièrement au Médecin-inspecteur chargé de la correspondance, de l'état des Hôpitaux, spécialement des Pharmacies, des maladies qui auront régné, & des traitemens qu'ils auront mis en usage.

14.

LORSQUE les places de Médecins & Chirurgiens-majors des Hôpitaux militaires, viendront à vaquer, les Intendans des Provinces, à qui il en sera sur le champ rendu compte par les Commissaires des guerres, en informeront le Secrétaire d'État ayant le département de la Guerre, pour y être par lui pourvu, conformément à l'ordre prescrit par le Règlement de ce jour, concernant les amphithéâtres, pour la distribution de toutes les places d'Officiers de santé desdits Hôpitaux : Voulant Sa Majesté que cet ordre soit régulièrement observé ; qu'en conséquence, les surnuméraires qui se seront distingués dans les amphithéâtres, soient

TIT. XXVIII.

successivement promus aux places d'Officiers de santé dans les Hôpitaux militaires, & que celles vacantes dans les grands Hôpitaux soient accordées à ceux d'entre les Titulaires qui, dans des places moins importantes, se seront montrés les plus dignes d'occuper les premières.

15.

SA MAJESTÉ rétablit les brevets de Médecins & Chirurgiens-consultans des Camps & Armées, qu'Elle avoit jugé devoir attribuer à ceux qui s'en étoient rendus dignes; & son intention est que le nombre soit porté à cinq pour chaque Profession. Voulant Sa Majesté que ce titre soit accordé successivement aux Officiers de santé qui le mériteront, & ne puisse les dispenser d'être chargés en temps de guerre, comme en temps de paix, de l'administration des Hôpitaux les plus considérables qui leur seroient confiés.

16.

LES traitemens des Médecins & Chirurgiens-majors de tous les Hôpitaux du Royaume demeureront fixés, comme ils le sont ci-après, en raison de l'ordre dans lequel les Hôpitaux militaires ont été classés dans l'état nominatif desdits Hôpitaux, lequel est annexé à la présente Ordonnance.

SAVOIR,

Hôpitaux militaires du premier ordre.

Aux Médecins en chef	2000#
Aux Médecins en second	1800.
Aux Chirurgiens-majors en chef	2000.
Aux Chirurgiens-majors en second, Démonstrateurs	1800.

Second ordre.

Aux Médecins titulaires	1500.
Aux Médecins surnuméraires employés	600.
Aux Chirurgiens-majors	1500.

Troisième ordre.

Aux Médecins titulaires	1000.
Aux Chirurgiens-majors	1000.

Quatrième

Quatrième ordre.

Aux Médecins. 800tt
Aux Chirurgiens - majors . . . . 800.

Cinquième ordre.

Aux Médecins & Chirurgiens - majors. . . . . 600.

17.

IL ne ſera attaché de Médecin & de Chirurgien-major en ſecond qu'aux Hôpitaux militaires du premier ordre, & il ne ſera employé que cinq Médecins ſurnuméraires appointés dans les Hôpitaux du ſecond ordre.

18.

LE traitement des Médecins & Chirurgiens-majors leur ſera payé à l'avenir, tous les deux mois, ſans autre retenue que celle de quatre deniers pour livre, à compter du 1.er Juillet prochain, par les Adminiſtrateurs ou Entrepreneurs, qui paſſeront cet objet de dépenſe dans leurs états.

19.

IL ne ſera déſormais accordé de penſions auxdits Officiers de ſanté qu'à l'époque de leur retraite, lorſque l'âge ou les infirmités les mettront hors d'état de ſervir; & ces penſions ſeront réglées en raiſon du traitement dont ils auront joui: au tiers du traitement après trente ans de ſervice; à la moitié après trente-cinq ans; aux deux tiers après quarante ans; & la totalité du traitement ſera conſervée à ceux qui auront quarante-huit ans de ſervice & au-delà: Se réſervant Sa Majeſté de leur accorder des gratifications extraordinaires, & même des augmentations d'appointemens à titre de traitement extraordinaire, qui ſeront attachées au mérite & à l'ancienneté des ſervices & non aux places, dont les traitemens ſubſiſteront tels qu'ils viennent d'être réglés.

20.

LES Officiers de ſanté auxquels il auroit été accordé des appointemens plus forts que ceux qui leur ſont attribués par la préſente Ordonnance, continueront d'en jouir, &

cet excédant leur ſera payé à titre de traitement extraordinaire par les Adminiſtrateurs ou Entrepreneurs, ſans aucune retenue que celle de quatre deniers pour livre.

21.

TOUS les Officiers de ſanté attachés au ſervice des Hôpitaux militaires, ſeront logés, autant que faire ſe pourra, dans les Hôpitaux, ou du moins à une proximité qui leur permette de s'y tranſporter facilement à toutes les heures.

TITRE XXIX.

Des Chirurgiens-aides-majors & Sous-aides-majors.

ARTICLE PREMIER.

LE Chirurgien-major aura ſous ſes ordres les Chirurgiens-aides-majors & Sous-aides-majors, dont les grades ſont rétablis, & partagera entre les Chirurgiens de ces grades, s'il y en a, ou bien à leur défaut entre les Élèves les plus inſtruits, le ſoin des ſalles de l'Hôpital, eu égard à la qualité des maladies ou bleſſures, & à leur habileté dans leur art.

2.

LES Chirurgiens Sous-aides-majors, s'il y en a, ſeront tenus d'obéir aux Aides-majors, lorſqu'ils ſe trouveront placés par le Chirurgien-major dans la même ſalle; à l'exception cependant des cas où le Chirurgien-major auroit donné des ordres contraires à ceux de l'Aide-major.

3.

LES Élèves-chirurgiens attachés à chaque ſalle, obéiront aux Aides-majors & Sous-aides-majors, s'il y en a, & en cas de contrariété, exécuteront toujours ce qui leur ſera preſcrit par le Chirurgien ſupérieur en grade.

4.

EN cas d'abſence ou de maladie du Chirurgien-major, & juſqu'à ce qu'autrement il y ait été pourvu, il fera remplacé dans ses fonctions par le Chirurgien supérieur en grade.

5.

LES appointemens des Aides-majors seront de vingt-quatre livres par mois, & ceux des Sous-aides-majors de vingt-une livres par mois, en sus de la nourriture qui sera passée dans les états de dépense, au prix fixé pour la journée du Soldat.

6.

CES appointemens seront au compte du Roi, & seront payés tous les deux mois, sans autre retenue que celle de quatre deniers pour livre, par les Administrateurs ou Entrepreneurs des Hôpitaux, qui emploîront cet objet de dépense dans leurs états.

7.

LES Aides-majors & Sous-aides-majors feront nombre avec les Élèves-chirurgiens qui seront employés dans un Hôpital, à raison du nombre des malades : ils y rempliront le même service & les mêmes fonctions, & il n'en sera établi qu'un de chaque grade dans les Hôpitaux seulement où il paroîtra convenable d'en placer.

8.

PARMI les Élèves-chirurgiens appointés des Hôpitaux militaires, seront choisis les Sous-aides-majors ; & parmi les Sous-aides-majors, les Aides-majors, & ce d'après les notes des Officiers de santé en chef qui doivent être envoyées tous les six mois, par le Commissaire des guerres, au Secrétaire d'État ayant le département de la Guerre & à l'Intendant de la Province.

9.

LES commissions de Chirurgiens-aides-majors & Sous-aides-majors, seront expédiées d'après l'autorisation du Secrétaire d'État ayant le département de la guerre, par les Intendans des Provinces, & par ceux des armées, lorsqu'elles seront rassemblées.

TITRE XXX.

Des Élèves-chirurgiens.

ARTICLE PREMIER.

LE Chirurgien-major commandera chaque jour deux Chirurgiens de garde dans les grands Hôpitaux & un dans les autres; lesquels, sous peine d'amende pour la première fois, & d'être congédiés pour la seconde, ne sortiront pas de l'Hôpital le jour de leur garde, pour être toujours à portée de remédier aux accidens qui peuvent arriver en l'absence du Chirurgien-major ou Aide-major le jour & la nuit; pour visiter les malades qui entrent & les faire placer dans les salles qui leur sont destinées, par rapport à la nature de leurs maladies, & ordonner les remèdes qui leur sont nécessaires, à quoi l'Apothicaire se conformera.

2.

EN cas d'accidens graves & pressans, le Chirurgien de garde enverra avertir le Médecin ou le Chirurgien-major.

3.

LE Chirurgien de garde tiendra la main à ce que les Sentinelles & les Infirmiers fassent leur devoir pour empêcher les désordres, & il aura la plus grande attention à ce que les malades ou blessés ne mangent aucun fruit ni autre chose nuisible, & observent exactement le régime qui leur est prescrit.

4.

FAIT Sa Majesté défenses à tous Chirurgiens d'emporter hors de l'Hôpital, de la charpie, des bandes, emplâtres & autres objets appartenans audit Hôpital, à peine de dix livres d'amende pour la première fois, & d'être congédiés en cas de récidive.

5.

TOUT Élève-chirurgien qui sera sorti de l'Hôpital sans permission, ou qui en étant sorti avec permission, y rentrera

rentrera ivre, ſera mis ſur le champ en priſon, & condamné en ſix livres d'amende pour la première fois, & en cas de récidive, ſera chaſſé de l'Hôpital.

6.

TOUT Chirurgien qui ſera convaincu d'avoir retranché ou fait retrancher, de ſon autorité & ſans motif, quelque choſe de la portion d'un malade ou bleſſé, ſera condamné, pour la première fois, en dix livres d'amende; & pour la ſeconde, ſera chaſſé de l'Hôpital, ſans eſpérance d'y pouvoir rentrer ni dans aucun autre.

7.

LES Élèves-chirurgiens qui auront vendu des alimens aux malades ou bleſſés, ſeront mis ſur le champ en priſon, & condamnés en dix livres d'amende, & en cas de récidive, ſeront chaſſés de l'Hôpital.

8.

TOUT Élève-chirurgien convaincu de vol, friponnerie ou malverſation, ſera châtié ſévèrement, & même livré à la Juſtice ſi le cas le requiert.

9.

LES appointemens des Chirurgiens-élèves ſont fixés à dix-huit livres par mois, en ſus de la nourriture qui ſera paſſée dans les états de dépenſe au prix de la journée du Soldat.

10.

CES appointemens ſeront au compte du Roi, & payés tous les deux mois, ſans autre retenue que celle des quatre deniers pour livre, par les Adminiſtrateurs ou Entrepreneurs, qui emploîront cet objet de dépenſe dans leurs états.

11.

LE nombre des Élèves-chirurgiens employés dans chaque Hôpital, y compris les Aides-majors & Sous-aides-majors, ſera fixé à raiſon d'un pour dix Officiers, & d'un pour vingt-cinq malades indiſtinctement.

12.

UN Élève-chirurgien ne pouvant faire ſeul le ſervice de jour & de nuit dans un Hôpital, il en ſera toujours maintenu deux, lors même que le nombre des malades tomberoit au-dessous de vingt-cinq; à l'exception des Hôpitaux du cinquième ordre, qui ne sont que des dépôts pour le traitement des Invalides, & où le Roi n'entretient qu'un Chirurgien.

13.

TOUS les Élèves-chirurgiens appointés dans les Hôpitaux militaires, seront tirés, autant qu'il sera possible, des Amphithéâtres: en conséquence, lors de la vacance d'une place d'Élève-chirurgien dans un Hôpital militaire, les Commissaires des guerres en informeront l'Intendant de la Province qui y pourvoira, en demandant, dans l'Amphithéâtre auquel ressortit ledit Hôpital, un Sujet qui sera choisi par les Officiers de santé en chef des Hôpitaux où sont les Amphithéâtres, lesquels les indiqueront à l'Intendant de la Province, & en son absence, au Commissaire-ordonnateur des guerres, pour être pourvu sans délai au remplacement.

14.

L'INTENTION de Sa Majesté n'étant point de donner l'exclusion aux Élèves-chirurgiens & Apothicaires, qui n'ayant point suivi les Amphithéâtres auroient fait preuve de talens; les Commissaires des guerres seront autorisés à admettre, dans ce cas (mais seulement lorsque les besoins du service l'exigeront), sur la présentation des Officiers de santé en chef, des Élèves employés dans d'autres établissemens que les Hôpitaux militaires, & en rendront compte à l'Intendant de la Province, ainsi que des motifs qui les auront déterminés.

15.

LES Chirurgiens-aides-majors, Sous-aides-majors & Élèves qui tomberont malades, seront traités dans l'Hôpital, & leurs journées seront payées conformément au traité, mais dans ce cas, leurs appointemens & nourriture cesseront d'être portés pendant ce temps, dans les états des Administrateurs ou Entrepreneurs.

16.

ENJOINT au surplus Sa Majesté à tous Élèves-chirurgiens, de ſe conformer aux articles de la préſente Ordonnance, en ce qui les concerne, ſous les peines y portées.

TITRE XXXI.

Des Apothicaires.

ARTICLE PREMIER.

L'APOTHICAIRE-MAJOR, les Aides-majors, Sous-aides-majors & Élèves-apothicaires ſe conformeront aux ordonnances du Médecin & du Chirurgien-major.

2.

VEUT & entend Sa Majeſté que tout ce qui a été ordonné dans les titres précédens pour les Chirurgiens-majors, Aides-majors, Sous-aides-majors s'il y en a, & Élèves-chirurgiens, ſoit exécuté par rapport aux Apothicaires des mêmes grades.

3.

IL ne ſera établi des Apothicaires-majors en chef, que dans les Hôpitaux du premier ordre dénommés dans l'état des Hôpitaux militaires, annexé à la préſente Ordonnance.

4.

LES Apothicaires-majors des cinq Hôpitaux du premier ordre, auxquels ſont attachés des Amphithéâtres, ſeront tenus de diriger le ſervice en ce qui les concerne, & d'y faire les Cours de Pharmacie, Chimie & Botanique dont ils ſont particulièrement chargés comme Démonſtrateurs.

5.

LES appointemens des Apothicaires-majors demeureront fixés à dix-huit cents livres par année, & leur ſeront payés au compte du Roi, comme ceux des Médecins & Chirurgiens-majors.

6.

DANS tous les autres Hôpitaux il ne ſera employé

que des Apothicaires-aides-majors, Sous-aides-majors ou Élèves, & ces grades ne leur seront accordés qu'ainsi & de la même manière qu'il a été réglé pour les Elèves-chirurgiens.

7.

LES places d'Apothicaires-majors dans les Hôpitaux militaires du premier ordre, étant les seules auxquelles les Élèves-apothicaires puissent prétendre; Sa Majesté a bien voulu en faveur de cette profession, qu'Elle desire encourager, régler à cinquante livres par mois en sus de la nourriture, les appointemens de vingt Aides-majors qui seront employés dans les Hôpitaux militaires, des premier, second & troisième ordres, lesquels appointemens seront payés tous les deux mois au compte du Roi, par les Administrateurs ou Entrepreneurs des Hôpitaux militaires.

8.

A l'égard de tous autres Apothicaires-aides-majors, Sous-aides-majors & Elèves, leur traitement sera & demeurera fixé comme celui des Chirurgiens des mêmes grades, & leur sera de même payé tous les deux mois, au compte du Roi, par lesdits Administrateurs ou Entrepreneurs.

9.

LE nombre des Apothicaires dans chaque Hôpital, y compris les Aides-majors & Sous-aides-majors, sera réglé à raison d'un pour cinquante malades indistinctement.

10.

ENJOINT au surplus Sa Majesté à tous Apothicaires, de quelque grade qu'ils puissent être, de se conformer aux articles de la présente Ordonnance, en ce qui les concerne, sous les peines y portées.

TITRE XXXII.

TITRE XXXII.

Des Portiers.

ARTICLE PREMIER.

LE Portier établi dans chaque Hôpital militaire, empêchera que personne n'y entre & n'en sorte, excepté ceux désignés dans la consigne que lui remettront le Commissaire des guerres, ou le Contrôleur, ou le Commis aux salles à défaut du Contrôleur.

2.

IL ne pourra refuser de se conformer à tout ce qui lui sera prescrit provisoirement par le Directeur, pour le service de l'Hôpital.

3.

IL ne permettra l'entrée d'aucunes denrées, boissons, fruits ou autres alimens que de ceux qui seront introduits par le Directeur, pour le service ou par les Officiers de l'Hôpital, pour leur consommation particulière.

4.

IL aura le droit de fouiller à l'entrée, non-seulement tous les Infirmiers & Servans, mais encore les bas Officiers & Soldats, à qui l'entrée de l'Hôpital seroit permise, & tout ce qu'il saisira en contravention de l'article précédent, sera confisqué à son profit.

5.

IL pourra fouiller de même à la sortie, tous ceux qui lui seront suspects, saisira les choses qui pourroient appartenir au Roi & à l'Hôpital, consignera le coupable à la garde, & en fera rendre compte par les Commis aux salles, au Commissaire des guerres qui ordonnera ce qu'au cas appartiendra.

6.

LA sentinelle & la garde de l'Hôpital, prêteront main-forte au Portier quand il le requerra.

7.

TOUTES les places de Portiers, des Hôpitaux militaires,

feront à l'avenir données à des Vétérans, par qui elles doivent être occupées.

8.

LEURS gages demeureront fixés à douze livres par mois, en fus de la nourriture, au prix du marché pour la journée du Soldat, & leur feront payés, au compte du Roi, tous les deux mois, fans aucune déduction, par les Adminiftrateurs ou Entrepreneurs, qui pafferont cet objet de dépenfe dans leurs états.

9.

DANS le cas où les Directeurs auroient à fe plaindre de la négligence ou de l'inconduite du Portier, ils en inftruiront le Commiffaire des guerres, qui après avoir vérifié les fujets de plaintes, en informera l'Intendant de la Province, ou, en fon abfence, le Commiffaire-ordonnateur, pour que ce Portier foit renvoyé, fur les ordres du Secrétaire d'État de la Guerre, auquel il en fera rendu compte; & fi le cas eft grave, le Commiffaire des guerres pourra même interdire fur le champ le Portier de fes fonctions, & le faire fuppléer jufqu'à fon remplacement.

TITRE XXXIII.

Des Infirmiers.

ARTICLE PREMIER.

LES Infirmiers employés dans chaque Hôpital pour le fervice des malades, obéiront aux ordres qui leur feront donnés par les Commiffaires des guerres, Contrôleurs, Commis aux falles, Aumôniers, Officiers de fanté & les Directeurs, chacun en ce qui les concerne.

2.

ILS feront immédiatement fubordonnés aux Commis aux falles.

3.

ILS rendront compte de tout ce qui fe paffera dans l'Hôpital, tant de jour que de nuit, aux Commis aux ſalles, qui en inſtruiront le Commiſſaire des guerres.

4.

Il ſera commandé, pour être de garde & pour veiller pendant la nuit, dans chaque ſalle, un nombre ſuffiſant d'Infirmiers, dans la proportion de celui des malades. L'ordre à cet égard ſera donné par le Commiſſaire des guerres, ou, en ſon abſence, par le Contrôleur, de concert avec le Médecin & le Chirurgien-major, ou par les Commis aux ſalles, ſur l'avis deſdits Officiers de ſanté.

5.

Tout Infirmier de garde pendant la nuit, qui ſera ſurpris endormi, ſera condamné en vingt ſous d'amende, & celui qui aura abandonné la ſalle ſera chaſſé.

6.

Tout Infirmier qui ſera convaincu d'avoir traité les malades ou bleſſés avec négligence, dureté ou mépris, ſera puni ou chaſſé, ſuivant l'exigence du cas.

7.

Les Infirmiers qui auront vendu des alimens aux malades ou bleſſés, ſeront mis ſur le champ en priſon & condamnés en ſix livres d'amende pour la première fois; & en cas de récidive, ſeront chaſſés de l'Hôpital, ſans eſpérance d'y pouvoir rentrer, ni dans aucun autre.

8.

Tout Infirmier qui ſera convaincu d'avoir retranché ou fait retrancher quelque choſe de la portion d'un malade ou bleſſé pour en augmenter la ſienne, ou pour quelqu'autre motif, ſera condamné en ſix livres d'amende pour la première fois, & ſera chaſſé de l'Hôpital en cas de récidive.

9.

Tout Infirmier qui ſera ſorti de l'Hôpital ſans permiſſion, ou qui étant ſorti avec permiſſion y rentrera ivre, ſera mis en priſon & condamné en trois livres d'amende pour la première fois; & en cas de récidive, ſera chaſſé de l'Hôpital.

TIT. XXXIII.

10.

TOUT Infirmier convaincu de vol, friponnerie ou malverſation, ſera puni ſévèrement, & même livré à la Juſtice ſi le cas le requiert.

11.

LES Infirmiers ſeront nourris dans l'Hôpital, à la portion du Soldat, & les journées de leur nourriture ſeront payées & employées dans les états de dépenſe ſur le même pied ; leur fait Sa Majeſté défenſe d'emporter leurs portions hors de l'Hôpital pour les aller conſommer dans les cabarets ou ailleurs, à peine de trois livres d'amende, & de plus grande en cas de récidive.

12.

LES gages des Infirmiers ſeront de dix livres par mois ; ils en ſeront payés, au compte de Sa Majeſté & ſans aucune retenue, par l'Adminiſtrateur ou Entrepreneur, qui emploîra cet objet de dépenſe dans les états de deux mois.

13.

LES Infirmiers ſeront vêtus d'une ſoubreveſte de toile brune, qui ſera fournie par les Adminiſtrateurs ou Entrepreneurs.

14.

ORDONNE Sa Majeſté aux Commiſſaires des guerres, de n'allouer les gages & nourritures que des Infirmiers qui auront été réellement employés.

15.

À la fin de chaque année, dans le procès-verbal d'Aſſemblée, il ſera fait mention de ceux des Infirmiers qui auront bien mérité dans le cours de l'année, & en même temps le Commiſſaire des guerres propoſera les gratifications extraordinaires dont ils paroîtront ſuſceptibles.

16.

LORSQUE de longs ſervices ou des infirmités qui en ſeroient les ſuites, mettront les Infirmiers hors d'état de continuer leurs fonctions, veut bien Sa Majeſté, leur accorder une retraite de cent vingt livres par année après vingt-cinq ans de ſervice dans le même Hôpital, ou trente

ans

ans dans plusieurs Hôpitaux, ce qui sera constaté par des certificats authentiques.

17.

Les Infirmiers seront proposés par l'Administrateur ou Entrepreneur, & ne pourront être reçus, ni congédiés que de l'agrément du Commissaire des guerres.

18.

Le nombre des Infirmiers sera réglé sur le pied de

Un Infirmier pour deux Officiers:

Un pour quinze malades, blessés ou vénériens.

19.

Un seul infirmier ne pouvant faire continuellement le service de jour & de nuit dans les Hôpitaux, il y en aura toujours deux attachés au service de chaque Hôpital pour quinze malades & au-dessous, & il ne pourra en être passé trois que lorsque le nombre des malades excédera celui de trente.

20.

Les Infirmiers qui tomberont malades, dans l'exercice de leurs fonctions, seront traités, au compte du Roi, dans l'Hôpital, sur le même pied que les Soldats; mais audit cas, leurs gages cesseront de courir, du jour de leur maladie, pour ne recommencer que de celui où lesdits Infirmiers rentreront en activité de service.

21.

Les Infirmiers des Hôpitaux se conformeront exactement à tout ce qui leur est enjoint par les articles de la présente Ordonnance.

TITRE XXXIV.

De l'Assemblée des Officiers.

ARTICLE PREMIER.

Tous les deux mois, le premier jour du mois suivant, il se fera une Assemblée, où se trouveront le Commisfaire des guerres, ou en fon abfence le Major de la Place, l'Aumônier, le Contrôleur, le Médecin, le Chirurgien-major & l'Apothicaire-major, dans laquelle Affemblée tous les Officiers propoferont ce qu'ils croiront convenable au bien du fervice.

2.

Le Médecin fera part à ladite Affemblée de fes obfervations fur les différens genres de maladies qu'il aura traitées, & le Chirurgien-major communiquera les fiennes fur les plaies qu'il aura panfées, les opérations & ouvertures de cadavres qu'il aura faites; l'un & l'autre feront le détail le plus exact des maladies épidémiques, contagieufes & extraordinaires, s'il en règne, & des remèdes qu'ils auront reconnus les plus efficaces pour parvenir à leur guérifon.

3.

Indépendamment des obfervations que doivent faire, dans cette Affemblée, les Officiers de fanté fur les différens genres de maladies qu'ils ont traitées, ils feront tenus d'y rendre compte des hommes envoyés à l'Hôpital pour des indifpofitions & bleffures légères, & dont ils auront fur le champ, prefcrit la fortie; de l'état des malades fortis fans être guéris, durant les deux mois qui viendront de s'écouler; de l'état de ceux dont le féjour dans l'Hôpital auroit été prolongé au-delà de ce terme, & du nombre des hommes morts, en rapportant en marge les motifs auxquels ils attribuent ces différens effets.

4.

Ce relevé, qui doit être extrait du regiftre qu'il leur eft prefcrit de tenir par le Titre qui les concerne, fera fait en forme d'état, divifé en autant d'articles qu'il contiendra d'obfervations.

5.

Il fera de plus rendu compte, dans cette Affemblée, des petites réparations reconnues néceffaires dans les Bâtimens; à l'égard defquelles les Commiffaires des guerres procéderont comme il fuit:

6.

LORSQUE les Bâtimens des Hôpitaux militaires, appartiendront au Roi, les Commiſſaires des guerres ſont autoriſés à ordonner l'exécution des réparations reconnues néceſſaires dans ladite Aſſemblée juſqu'à la concurrence de la ſomme de trois cents livres par année & par Hôpital; & dans ce cas, lorſqu'elles auront été exécutées, il ordonnera au Directeur d'en faire le payement aux Ouvriers, & d'en employer le montant dans les états de dépenſe de chaque deux mois.

7.

POURRONT néanmoins les Commiſſaires des guerres faire exécuter leſdites réparations qui deviendroient urgentes, dans l'intervalle d'une Aſſemblée à l'autre.

8.

SI la dépenſe des réparations à faire ſe portoit au-delà de la ſomme de trois cents livres, les Commiſſaires des guerres en informeront les Intendans des Provinces, qui, dans le cas où leſdites réparations ſeroient urgentes, & néanmoins bornées, ſont autoriſés à en ordonner l'exécution, en même temps qu'ils en rendront compte au Secrétaire d'État ayant le département de la Guerre.

9.

LORSQUE leſdites réparations exigeront une dépenſe plus conſidérable, le Commandant de la Place en ſera prévenu par le Commiſſaire des guerres, & il donnera ſon avis ſur la néceſſité deſdites réparations, dont le devis ſera adreſſé à l'Intendant de la Province.

10.

LES adjudications ſeront faites, en préſence du Commandant de la Place, par le Commiſſaire des guerres, ſous l'autoriſation de l'Intendant de la Province, qui ne les ordonnera qu'après avoir reçu celle du Secrétaire d'État ayant le département de la Guerre, auquel il en rendra compte; & il ne ſera procédé à l'exécution des ouvrages, qu'après que le marché en aura été approuvé.

11.

LORSQUE les bâtimens des Hôpitaux militaires, appartiendront à des particuliers qui les donnent à loyer, les Commiſſaires des guerres, qui doivent avoir pardevers eux l'ampliation des baux, pour en ſurveiller l'exécution, auront ſoin de charger les propriétaires deſdits bâtimens, d'y faire les réparations reconnues indiſpenſablement néceſſaires, dans ladite Aſſemblée, conformément aux clauſes de leurs baux.

12.

DANS le cas où leſdits propriétaires refuſeroient ou différeroient trop long-temps de les exécuter, les Commiſſaires des guerres devront y faire procéder aux frais deſdits propriétaires; & d'après l'arrêté des dépenſes, viſé du Commiſſaire-ordonnateur, & ordonnancé par l'Intendant de la Province, le montant en ſera payé par le Tréſorier, à charge de la retenue ſur les loyers échus ou à échoir.

13.

IL ſera enſuite dreſſé procès-verbal de tout ce qui aura été propoſé & obſervé dans ladite aſſemblée, auquel procès-verbal ſigneront le Commiſſaire des guerres ou Major de la Place, l'Aumônier, le Contrôleur, le Médecin, le Chirurgien-major & l'Apothicaire-major; & il en ſera envoyé une expédition au Secrétaire d'Etat ayant le département de la Guerre, & une pareille à l'Intendant de la province.

14.

DANS la dernière aſſemblée de chaque année, il ſera rendu compte des Infirmiers qui auront bien ſervi dans le cours de l'année, & ſtatué à cet égard ainſi qu'il eſt dit à l'article 15 du Titre XXXIII.

TITRE XXXV.

Des Inſpecteurs des Hôpitaux.

ARTICLE PREMIER.

LES Inſpecteurs des Hôpitaux, Intendans d'Armées, Commiſſaires-ordonnateurs & ordinaires, Médecins, Chirurgiens ou autres qui ſeront nommés par Sa Majeſté, veilleront, lors de leur inſpection, chacun en ce qui les concerne, à l'exécution de la préſente Ordonnance; dreſſeront des procès-verbaux de l'état dans lequel ils auront trouvé leſdits Hôpitaux, y feront mention des abus & contraventions qu'ils auront découverts, ainſi que des ordres qu'ils auront donnés pour y remédier, & enverront deux expéditions de chaque procès-verbal, une au Secrétaire d'État ayant le département de la Guerre, & l'autre à l'Intendant de la Province.

2.

L'INSPECTEUR, avant de ſortir de l'Hôpital pour paſſer dans un autre, laiſſera au Commiſſaire des guerres chargé de la police dudit Hôpital, une note des ordres qu'il aura donnés, de laquelle le Commiſſaire lui donnera ſon reçu ſur le double qui en ſera fait.

3.

LES Directeurs, Contrôleurs, Commis aux ſalles, Aumôniers, Médecins, Chirurgiens, Apothicaires, & généralement tous les Employés des Hôpitaux, ſeront ſoumis aux ordres & à la juridiction des Inſpecteurs: ces ordres ſeront exécutés par proviſion & nonobſtant tous autres, pourvu néanmoins qu'ils ne ſoient pas contraires à la préſente Ordonnance.

4.

SI l'Inſpecteur, en faiſant ſa viſite, trouve des délits graves & des contraventions qui méritent châtiment, il pourra interdire & même faire arrêter les coupables, prendre les informations néceſſaires, conſtater les faits par un procès-verbal féparé, pour remettre & envoyer enfuite le tout à l'Intendant de la Province, qui ordonnera ce qu'il jugera convenable, felon les circonftances & la qualité du délit : il adreffera en même temps copie du tout au Secrétaire d'État ayant le département de la Guerre.

5.

Si l'Infpecteur eft Intendant d'armée ou Commiffaire des guerres, il entrera dans tous les détails concernant la police & la dépenfe des Hôpitaux, & fe fera repréfenter les regiftres, tant du Directeur que des autres Officiers qui en doivent tenir, fuivant la préfente Ordonnance; comme auffi les états des mois précédens, fera dreffer lefdits états, s'ils ne l'ont pas été, & les arrêtera.

6.

S'il arrive que les Infpecteurs fe trouvent dans un Hôpital au jour indiqué pour l'affemblée des Officiers, ils y affifteront : ils pourront même en convoquer une extraordinaire, s'ils le jugent à propos, pour inftruire les Officiers des abus qu'ils auront obfervés & les rappeler à leur devoir.

7.

Enjoint au furplus Sa Majefté à ceux de ces Officiers qu'Elle chargera de l'infpection des Hôpitaux, de fe conformer aux articles de la préfente Ordonnance, chacun en ce qui les concerne, de les faire exécuter dans le cours de leurs vifites & de remplir exactement tout ce qui leur fera prefcrit par les inftructions particulières qui leur feront adreffées par les ordres de Sa Majefté.

8.

Sa Majesté fupprime les places de Médecins-infpecteurs provinciaux, & fe réferve de charger extraordinairement des infpections de Médecine & de Chirurgie qui pourroient devenir néceffaires, foit les Médecins & Chirurgiens-majors des Hôpitaux militaires qui paroîtroient dignes de cette confiance, foit les Médecins de la Capitale & de la Cour que leur réputation y appelleroit.

9.

ENTEND néanmoins Sa Majeſté conſerver un Médecin-inſpecteur titulaire, pour correſpondre avec tous les Officiers de ſanté des Hôpitaux militaires & pour diriger les Amphithéâtres :

Un Chirurgien-inſpecteur titulaire, pour ſe concerter avec le Médecin-inſpecteur ſur toutes les parties qui le requerront :

Et un Apothicaire-major, ſubordonné au Médecin, pour veiller ſur les Pharmacies.

10.

LEURS traitemens ſeront & demeureront fixés comme il ſuit :

Au Médecin-inſpecteur, y compris les frais dont il eſt chargé	10000#
Au Chirurgien-inſpecteur	6000.
A l'Apothicaire-major	3600.

11.

LES obſervations que doivent adreſſer tous les trois mois au Secrétaire d'État ayant le département de la Guerre, les Officiers de ſanté des Hôpitaux militaires, ſeront renvoyées au Médecin-inſpecteur, qui ſera tenu de les examiner, de communiquer au Chirurgien-inſpecteur toutes celles qui le concernent, pour avoir ſon avis par écrit, & d'entretenir avec tous les Officiers de ſanté une correſpondance exacte qui ſerve à multiplier les lumières que fait naître l'obſervation.

12.

INDÉPENDAMMENT de la correſpondance du Médecin-inſpecteur avec les Officiers de ſanté des Hôpitaux militaires, il ſera encore tenu de diriger les Cours des Amphithéâtres par ſes inſtructions, auxquelles il joindra celles du Chirurgien-inſpecteur & de l'Apothicaire-major, pour les parties qui le requerront.

TIT. XXXV.

13.

Il tiendra un regiſtre exact de tous les Élèves ſurnuméraires qui y ſeront admis, à la ſuite duquel il inſcrira auſſi les Élèves appointés dans les Hôpitaux militaires, avec les notes qui ſeront fournies tous les ſix mois ſur chacun d'eux, par les Officiers de ſanté en chef; leſquelles notes ayant été adreſſées directement au Secrétaire d'État de la Guerre, ſeront renvoyées par ſes ordres au Médecin-inſpecteur, pour qu'après en avoir conféré avec le Chirurgien-inſpecteur & l'Apothicaire-major, relativement à leurs fonctions, il puiſſe propoſer l'avancement des Sujets qui en ſeront ſuſceptibles.

14.

Pour ſeconder le Médecin-inſpecteur dans tous les détails de cette correſpondance, il y ſera attaché un ancien Médecin des Hôpitaux militaires, ſous le titre de Premier Médecin-conſultant des Camps & Armées.

15.

Le traitement du premier Médecin-conſultant des Camps & Armées, attaché à la correſpondance, y compris ſes frais, ſera & demeurera fixé à cinq mille livres par an.

16.

A la ſuite de chaque Trimeſtre, lorſque les obſervations envoyées par les Officiers de ſanté des Hôpitaux militaires auront été examinées, le Médecin-inſpecteur devra les remettre au Secrétaire d'État de la Guerre, & lui rendre compte de ceux de ces Officiers de ſanté dont le zèle & les talens lui paroîtront remarquables, ainſi que de l'opinion du Chirurgien-inſpecteur ſur les Sujets qu'il peut juger.

17.

Les obſervations qui pourront devenir utiles, ſeront conſignées dans un Journal de Médecine, Chirurgie & Pharmacie militaire, imprimé aux frais du Roi, de la rédaction duquel ſera toujours chargé un ancien Médecin des

Hôpitaux

Hôpitaux militaires, avec Brevet de Médecin-consultant des Armées, & où seront nominativement désignés les Médecins & Chirurgiens-majors des Hôpitaux & des Régimens, qui les auront faites.

18.

Le traitement du Médecin-consultant, rédacteur de ce Journal, y compris ses frais, sera & demeurera fixé à quatre mille livres par an.

19.

Ce Journal, qui paroîtra tous les trois mois, ne sera imprimé que sur l'approbation de la Société royale de Médecine que Sa Majesté commet à cet effet.

TITRE XXXVI.

Des Hôpitaux de Charité.

ARTICLE PREMIER.

Les Hôpitaux de Charité, sur le pied militaire, se conformeront aux dispositions de la présente Ordonnance, en tout ce qui concerne le traitement des Soldats malades; voulant Sa Majesté que les mêmes formes de service & de comptabilité y soient observées, & que les Commissaires des guerres y exercent la même police que dans les Hôpitaux purement militaires.

2.

Les Administrateurs & Directeurs des Hôpitaux de charité, qui ne sont point sur le pied militaire, se conformeront aussi aux dispositions de la présente Ordonnance, notamment en ce qui concerne la réception à l'Hôpital, des Soldats, Cavaliers, Chevaux-légers, Hussards, Dragons ou Chasseurs à cheval, & les visites des Médecins & Chirurgiens.

3.

Ordonne Sa Majesté, qu'autant qu'il pourra se trouver d'emplacemens suffisans dans lesdits Hôpitaux de charité, les Soldats malades soient placés dans des salles différentes de celles où sont traités les habitans, & que si cette disposition

TIT. XXXVI.

étoit impossible, il leur soit du moins assigné un rang ou une partie de la salle pour y être traités séparément.

4.

DÉFEND Sa Majesté aux Administrateurs desdits Hôpitaux de charité, de recevoir des Soldats détournés de la route que prescrit leur destination, ni de conserver dans leurs établissemens des Soldats, qui seroient en état de rejoindre leur Corps; les Intendans des Provinces donneront les ordres les plus précis aux Commissaires des guerres, s'il y en a dans les Places, & à leur défaut, à leurs Subdélégués de tenir la main à l'exécution du présent article.

5.

DANS le cas cependant où un Soldat détourné de sa route, auroit absolument besoin d'être traité à l'Hôpital, Sa Majesté autorise les Commissaires des guerres & les Subdélégués, à lui expédier des billets d'entrée, mais Elle leur enjoint en même temps de le faire consigner à l'Hôpital, & d'en prévenir le Commandant de la Maréchaussée du lieu.

6.

LES Intendans veilleront aussi à ce que les Administrateurs des Hôpitaux de charité, aient soin d'adresser exactement au Secrétaire d'État ayant le département de la Guerre, l'extrait mortuaire des Soldats qui seront décédés dans lesdits Hôpitaux, immédiatement après leur décès.

7.

la journée ordinaire d'un cavalier malade dans un hopital de charité est de 9 sols compris la paye dans les hopitaux bien rentés et de 14 sols dans certain hopitaux pauvres *

LE prix des journées du traitement, sera payé suivant les conventions faites avec les Administrateurs desdits Hôpitaux, par les Intendans des Provinces, comme par le passé, & ce, sur des états & pièces justificatives dans la forme prescrite.

8.

DANS le nombre des Hôpitaux de charité du royaume où les Soldats continueront d'être reçus & traités comme par le passé, Sa Majesté a jugé à propos d'attacher plus particulièrement au service de ses Troupes, les Hôpitaux de charité désignés dans l'état nominatif, annexé à la présente Ordonnance, ainsi que les Officiers de santé qui y seront employés en chef.

* à falaise il y a environ 50 lits dont 24 pour les militaires. l'hopital peut avoir 9000 lt de rente. la journée des soldats est de 9 s. a guise il y a 25 lits la journée du soldat et de 14 s. cet hopital peut avoir 7000 lt de rente. joinville en champagne. il y a environ 50 lits pour le bourgeois et 30 pour les militaire il jouit de 25000 lt de rente la journée du soldat malade est de 9 s.

9.

LE traitement desdits Officiers de santé sera & demeurera fixé à cent vingt livres par année pour le Médecin en chef, & à cent vingt livres pour le Chirurgien en chef, indépendamment des gratifications extraordinaires qu'ils pourront mériter par la nature & l'importance de leurs services, & qui leur seront accordées sur le rapport des Intendans.

10.

CE traitement sera payé auxdits Officiers de santé, sur les ordres qui seront adressés pour cet effet aux Intendans.

11.

A l'égard des Officiers de santé attachés aux autres Hôpitaux de charité, situés dans les Villes dont il n'est point fait mention dans l'état nominatif des Hôpitaux, ci annexé, il leur sera accordé des gratifications extraordinaires, en raison du séjour accidentel des Troupes, sur le rapport des Intendans des Provinces.

12.

SE réserve Sa Majesté dans les cas extraordinaires qui exigeront un service plus étendu, d'y pourvoir, en envoyant alors, sur la demande des Intendans, des Officiers de santé entretenus à ses frais, pour aider le service des Hôpitaux de charité, & d'accorder aussi, dans ces cas extraordinaires, des distinctions & des gratifications aux Médecins & Chirurgiens desdits Hôpitaux qui auront donné des preuves plus particulières de zèle & d'assiduité à soigner les malades de ses Troupes.

13.

LES Officiers de santé des Hôpitaux de charité du Royaume, seront également tenus d'adresser tous les trois mois, au Secrétaire d'État ayant le département de la Guerre, leurs observations sur les maladies des Soldats qui y seront reçus; pour être, lesdites observations, renvoyées à l'Inspecteur général des Hôpitaux civils, qui en rendra compte directement audit Secrétaire d'État ayant le département de la Guerre.

TITRE XXXVII.

Des Chirurgiens-majors des Régimens.

ARTICLE PREMIER.

LES Chirurgiens-majors des Régimens sont établis pour veiller sur la santé des Soldats dont le soin leur est confié; pour empêcher qu'elle ne s'altère; pour traiter leurs indispositions ou blessures légères, & prévenir par-là les maladies qui pourroient s'aggraver; leurs fonctions se trouvent ainsi liées à celles des Officiers de santé des Hôpitaux militaires dont ils sont partie.

2.

ILS seront tenus de visiter les Soldats de recrue, lors de leur arrivée au régiment, & avant qu'ils soient présentés au Commissaire des guerres pour être inscrits sur les contrôles, afin de juger s'ils n'ont aucune des infirmités telles que la pulmonie, les vices scrophuleux, les hernies ou autres défectuosités qui doivent les faire exclure du service, & d'en faire leur rapport par écrit au Commandant du régiment.

3.

IL ne sera accordé à l'avenir aucun congé de semestre limité ou absolu, aux Soldats, Cavaliers, Chevaux-légers, Hussards, Dragons ou Chasseurs à cheval, qu'après que les Chirurgiens-majors auront reconnu & déclaré que lesdits Soldats ne sont point attaqués de maladie vénérienne. Il sera fait mention de cette attestation sur les cartouches des congés.

4.

IL sera fait, par le Chirurgien-major de chaque régiment, de fréquentes visites dans les chambrées aux heures prescrites par les Commandans des Corps, qui le feront accompagner par les bas Officiers chargés de tenir la main à l'exécution de tout ce qu'il jugera devoir prescrire sous l'autorité du Commandant du régiment.

5. IL

5.

Il portera ſon attention ſur la ſalubrité des caſernes, ſur le régime des Soldats, ſur les Eaux, & ſur tous les objets qui intéreſſent la ſanté des Troupes.

6.

Il aura ſoin, lors de ſes viſites du matin, dans les chambres, d'examiner auſſi très-ſcrupuleuſement tous les Soldats, pour remédier promptement aux indiſpoſitions qu'il leur découvriroit, ſoit en traitant lui-même à temps toutes celles qui par leur nature lui ſont réſervées, ſoit en envoyant tout de ſuite à l'Hôpital les Soldats attaqués de maladies qui pourroient s'aggraver.

7.

Ne pourra ſe diſpenſer, le Chirurgien-major, de ſe tranſporter ſouvent à l'Hôpital du lieu; de ſuivre, ſous les yeux des Officiers de ſanté, le traitement des malades, & notamment de ceux du régiment auquel il eſt attaché, à l'égard deſquels il fera part auxdits Officiers de ſanté, des obſervations qu'il pourroit avoir faites ſur leur tempérament, leurs mœurs, leur caractère.

8.

Il vivra en bonne intelligence avec les Officiers de ſanté de l'Hôpital de la garniſon, dans lequel au ſurplus il ne pourra rien ordonner.

9.

Lors de la ſaiſon, où il eſt d'uſage d'envoyer aux Eaux minérales les Soldats qui peuvent en avoir beſoin, il s'aſſemblera avec les Officiers de ſanté des Hôpitaux, pour déterminer ceux des Soldats auxquels les Eaux deviendroient abſolument néceſſaires; & ſous aucun prétexte, il ne donnera de certificats à ce ſujet, qu'en pleine connoiſſance de cauſe: Sa Majeſté le rendant reſponſable de tous les abus auxquels il pourra donner lieu par la moindre complaiſance.

10.

Les Chirurgiens-majors ſeront choiſis conformément au Règlement de ce jour, concernant les Amphithéâtres.

TIT. XXXVII.

11.

Leurs traitemens seront & demeureront fixés tels qu'ils sont, ou seront réglés dans les Ordonnances relatives à la composition des Corps auxquels ils sont attachés.

12.

Il leur sera accordé une retraite de quatre cents livres, après vingt-cinq ans de service, & de six cents livres après trente années de service bien constatées, à moins que lesdits Chirurgiens-majors qui seroient encore en état de servir, ne préferassent d'occuper une place de Chirurgien-major dans les Hôpitaux militaires, laquelle audit cas, leur sera donnée de préférence à tous autres.

13.

Enjoint Sa Majesté à tous Soldats, Cavaliers, Chevaux-légers, Hussards, Dragons ou Chasseurs à cheval, de porter honneur & respect auxdits Chirurgiens-majors, à peine de punition exemplaire.

Mande & ordonne Sa Majesté aux Commandans & Intendans des Provinces, aux Intendans des Armées, aux Commandans des Places, aux Commissaires des guerres, aux Officiers de ses Troupes, & à tous autres qu'il appartiendra, de se conformer à la présente Ordonnance, & de tenir la main à son exécution qui aura lieu à commencer au 1.er Juillet prochain, annullant Sa Majesté à dater dudit jour 1.er Juillet, tous Règlemens & Ordonnances précédemment rendus sur le service des Hôpitaux militaires.

Fait à Marly le deux mai mil sept cent quatre-vingt-un. *Signé* LOUIS. *Et plus bas*, Segur.

TABLE ALPHABÉTIQUE DES MATIÈRES.

A

B

C

D

E

F

G

H

I

L

M

ÉTAT.

HÔPITAUX.

N.° 1.

ÉTAT NOMINATIF des Hôpitaux militaires du Royaume, & de l'ordre dans lequel ils ont été classés en raison de la force des établissemens; à la suite duquel sont dénommés les Hôpitaux de Charité attachés au service militaire, & ceux des Eaux minérales.

SAVOIR:

NOMS DES GÉNÉRALITÉS.	NOMS DES HÔPITAUX MILITAIRES.	NOMS DES HÔPITAUX Sur le pied MILITAIRE.	OBSERVATIONS.
	PREMIER ORDRE.		
ALSACE	Strasbourg		
BRETAGNE		Brest	
FLANDRE	Lille		
METZ	Metz		
PROVENCE	Toulon		
	SECOND ORDRE.		
ALSACE	Landau		
AMIENS	Calais		
CORSE	Bastia		
FLANDRE	Douai Dunkerque		
HAINAULT		Valenciennes	
LA ROCHELLE	S.t-Jean d'Angeli.		
LORRAINE		Nanci	
METZ	Thionville Verdun		
ROUSSILLON	Perpignan		

NOMS DES			OBSERVATIONS.
GÉNÉRALITÉS.	HÔPITAUX		
	MILITAIRES.	Sur le pied MILITAIRE.	
	TROISIÈME ORDRE.		
ALSACE	Béfort.		
	Fort-Louis.		
	Huningue.		
	Neuf-Brisac		
	Schelestat		
AUCH & BAYONNE . . .	. . . .	Bayonne.	
BRETAGNE	Folgoet.	Port-Louis	
CHAMPAGNE.	Mézières.		
CORSE.	Ajaccio.		
	Calvi		
	Corté.		
FLANDRE & ARTOIS . . .	Bergues	Aire.	
		Arras.	
		Béthune	
		Saint-Omer. . . .	
FRANCHE-COMTÉ	Besançon (vénér.)..	Besançon (fiévreux)	
GRENOBLE	Briançon.		
HAINAULT.	Avesnes	Cambrai.	
	Condé	Le Quesnoi. . . .	
	Givet.		
	Maubeuge.		
LANGUEDOC	Montpellier (vén.)		
LA ROCHELLE	. . . .	La Rochelle . . .	
METZ.	Longwi	Sédan.	
	Phalsbourg		
	Sarrelouis		
	Toul		
	QUATRIÈME ORDRE.		
ALSACE	Colmar.		
	Haguenau.		
	Weissembourg.. .		

NOMS DES			OBSERVATIONS.
GÉNÉRALITÉS.	HÔPITAUX		
	MILITAIRES.	Sur le pied MILITAIRE.	
Bretagne.	. . . .	Belle-Isle.	
Champagne.	Rocroi		
Flandre & Artois. . . .	. . . .	Bapaume. . . . . . Gravelines . . . . Hesdin.	
Grenoble.	Montdauphin. . .	Grenoble.	
Hainault.	Bouchain . . . . . Landrecies . . . . Philippeville . . .		
Languedoc.	. . . .	Montpellier (fiévr.)	
La Rochelle.	. . . .	Isle-de-Rhé. . . . Isle-d'Oléron . . .	
Lorraine.	Bitche		
Metz.	Montmédi.		
Poitiers.	. . . .	Niort.	
Provençe.	Antibes. . . . . . . Monaco		
Roussillon.	Collioure . . . . . Montlouis.		
	CINQUIÈME ORDRE.		
Alsace.	Lauterbourg. . . . La Petite-Pierre.. Lichtemberg . . . Landskroon. . . .		
Auch & Bayonne. . .	Navarreins . . . . S.t-Jean-Pied de-Port		
Corse.	Bonifacio . . . . . Cervione . . . . . Sartene. . . . . . . S.t-Florent. . . . . Vico		
Flandre & Artois..	. . . .	Saint-Venant . . .	

GÉNÉRALITÉS.	NOMS DES HÔPITAUX — MILITAIRUS.	NOMS DES HÔPITAUX — Sur le pied MILITAIRE.	OBSERVATIONS.
METZ	Château de Bouillon.		
	Marsal		
ROUSSILLON	Bains d'Arles		
	Bellegarde		
	Prats-de-Moulliou		
	Villefranche		
	SIXIÈME ORDRE.		
	HÔPITAUX DE CHARITÉ *Attachés au service militaires.*		
ALENÇON	Alençon		
AMIENS	Amiens		
	Ardres		
	Boulogne-sur-mer		
AUCH	Auch		
BORDEAUX	Blaye		
	Bordeaux		
	Libourne		
BOURGES	Bourges		
BOURGOGNE	Auxonne		
	Dijon		
BRETAGNE	Dinan		
	Landernau		
	L'Orient		
	Morlaix		
	Nantes		
	Rennes		
	Saint-Malo		
CAEN	Caen		
	Cherbourg		
	Grandville		
	Valognes		

NOMS DES		OBSERVATIONS.
GÉNÉRALITÉS.	HÔPITAUX DE CHARITÉ *Attachés au service militaire.*	
CHAMPAGNE	Châlons	
	Joinville	
	Vaucouleurs	
	Vitri	
CLERMONT	Clermont	
FRANCHE-COMTÉ	Dôle	
	Grai	
	Vésoul	
GRENOBLE	Embrun	
	Valence	
LANGUEDOC	Béziers	
	Carcassonne	
	Nîmes	
	Saint-Esprit	
	Toulouse	
	Tournon	
LA ROCHELLE	Saintes	
LIMOGES	Limoges	
LORRAINE	Commerci	
	Épinal	
	Mirecourt	
	Pont-à-Mousson	
LYON	Lyon	
MONTAUBAN	Montauban	
MOULINS	Moulins	
	Nevers	
ORLÉANS	Orléans	
PARIS	Joigni	
	Provins	
POITIERS	Poitiers	
PROVENCE	Aix	
	Marseille	

NOMS DES		OBSERVATIONS.
GÉNÉRALITÉS.	HÔPITAUX DE CHARITÉ *Attachés au service militaire.*	
ROUEN	Le Havre	
	Rouen	
SOISSONS	La Fère	
	Soiſſons	
TOURS	Angers	
	Saumur	
	Tours	
	HÔPITAUX *DES EAUX MINÉRALES.*	
AUCH & BAYONNE	Barrèges	
CHAMPAGNE	Bourbonne	
PROVENCE	Digne	
HAINAULT	Saint-Amand	

Fiévreux, Blessés ou Vénériens.

BILLET D'ENTRÉE À L'HÔPITAL.

RÉGIMENT D (Cavalerie, Infanterie, Hussards, ou Dragons.) COMPAGNIE D

LE *Directeur de l'Hôpital militaire de* , *recevra le nommé* (nom de baptême & de famille) *dit* (nom de guerre) (Grade, & dans l'Artillerie, désignation des différentes classes de Canonniers.) *au susdit Régiment & Compagnie, natif de* *juridiction de* *en la province de*

FAIT à *ce* (date en toutes lettres) 17

Signature de l'Officier de la Compagnie.

DÉTAIL de l'habillement, équipement & armement du Malade.

VU par nous Officier, chargé du détail du Régiment.
À *ce* 17

CONTRÔLÉ par nous Contrôleur dudit Hôpital.
À ce 17

N.° 3.

Fiévreux, Blessés ou Vénériens

BILLET DE SORTIE DE L'HÔPITAL.

RÉGIMENT D (Cavalerie, Infanterie, Hussards, ou Dragons.) COMPAGNIE D

LE nommé *(nom de baptême & de famille)* dit *(nom de guerre)* *(Dénomination du grade, & dans l'Artillerie, la désignation des différentes classes de Canonniers.)* au susdit Régiment & Compagnie, natif de juridiction de province de entré le *(en toutes lettres)* du mois d 17 à l'Hôpital militaire de est sorti cejourd'hui *(en toutes lettres)* du mois d 17

Signature des Médecin & Chirurgien-major.
Signature du Directeur.

VU par nous Commissaire des guerres.

CONTRÔLÉ par nous Contrôleur dudit Hôpital.
À *ce* 17

DÉTAIL de l'habillement, équipement & armement du Malade.

CONTRÔLÉ par nous Contrôleur dudit Hôpital.
À ce 17

DÉTAIL de la maladie & des premiers moyens curatifs employés à la chambre.

FAIT à ce 17 *Signature du Chirurgien-major du Régiment.*

VU bon par Nous (Médecin ou Chirurgien-major dudit Hôpital.)
À *ce* *17* Signature du Médecin ou du Chirurgien-major.

DÉTAIL des pièces dont lesdits Recrues & Externes sont porteurs, & le nom de l'Officier qui les a signées.

RECRUES ET EXTERNES.

RAPPORT des maladies ou infirmités qui ont nécessité la sortie de ce malade, sans être guéri.

FAIT à ce du mois d 17

TABLEAU DE VISITE. N.° 4.

FIÉVREUX ou BLESSÉ ou VÉNÉRIEN.	SALLE	N.° DU LIT	LE NOMMÉ	MALADE DU [illegible] ENTRÉ LE

DATES des VISITES.	ALIMENS DU MATIN.	ALIMENS DU SOIR.	PRESCRIPTIONS & MÉDICAMENS.	SIMPTÔMES & VARIATIONS DE LA MALADIE.

N.° 5.
Mois d

CAHIER DE VISITE
DES MÉDECINS ET CHIRURGIENS.

NOMS des SALLES.	N.os des LITS.	NOMS des MALADES.	ALIMENS DU MATIN.	ALIMENS DU SOIR.	PRESCRIPTIONS & MÉDICAMENS.
		Du.............			
Saint-Louis...	1.er	*La Liberté*........	p.	m.	
	2.	*La Franchise*.......	d.	d.	
	3.	*Saint-Hubert*.......	3. q.	p.	
	4.	*Va-de-bon-cœur*.....	q. v.	q.	
	5.	*La Ramée*.........	S. R.	pr. o.	

HÔPITAL D

RELEVÉ de la visite des Officiers de santé du 178

MALADES.		AU BOUILLON. GRAS.	MAIGRE.	TOTAL.
MATIN.	Officiers, & traités comme tels.	〃	〃	〃
	Soldats, & traités comme tels.	〃	〃	
SOIR.	Officiers, & traités comme tels.	〃	〃	〃
	Soldats, & traités comme tels.	〃	〃	

		PORTIONS ORDONNÉES POUR LE MATIN.	LE SOIR.	TOTAL.	RÉDUCTIONS en POIDS & MESURES COMMUNES.	
						Livres.
PAIN.. Portions..	Entières, de... 12 onces	〃	〃	〃	〃	
	Trois quarts, de 9	〃	〃	〃	〃	
	Demi, de..... 6	〃	〃	〃	〃	
	Un quart, de.. 3	〃	〃	〃	〃	〃
	Panades, de	〃	〃	〃	〃	
	Soupes, de	〃	〃	〃	〃	
	Diettes de pain	〃	〃	〃	〃	
						Pintes.
VIN rouge. Portions.	Doubles, de chopines, pour Off.ers	〃	〃	〃	〃	
	Entières, de demi-chopines	〃	〃	〃	〃	
	Trois quarts, de ¾ de chopines	〃	〃	〃	〃	〃
	Demi, de roquilles	〃	〃	〃	〃	
	Quarts, de demi-roquilles	〃	〃	〃	〃	
VIN blanc.. Portions.	Doubles, de chopines, pour Off.ers	〃	〃	〃	〃	
	Entières, de demi-chopines	〃	〃	〃	〃	
	Trois quarts, de ¾ de chopines	〃	〃	〃	〃	〃
	Demi, de roquilles	〃	〃	〃	〃	
	Quarts, de demi-roquilles	〃	〃	〃	〃	
BIÈRE.. Portions..	Entières, de chopines	〃	〃	〃	〃	
	Trois quarts, de ¾ de chopines	〃	〃	〃	〃	
	Demi, de demi-chopines	〃	〃	〃	〃	〃
	Quarts, de roquille	〃	〃	〃	〃	
VIN & BIÈRE...	Diettes	〃	〃	〃	〃	〃
RIZ.. Au bouillon...	Entières, de 2 onces	〃	〃	〃	〃	〃
	Demi, de... 1	〃	〃	〃	〃	
RIZ.. Au lait.....	Entières, de 2	〃	〃	〃	〃	〃
	Demi, de... 1	〃	〃	〃	〃	
BOULLIES......	de... 2 onces de farine	〃	〃	〃	〃	〃
LAIT simple......	Chopines	〃	〃	〃	〃	〃
PRUNEAUX......	Entières, de 3 onces	〃	〃	〃	〃	〃
ŒUFS pièces...	Dans les bouillons	〃	〃	〃	〃	〃
	À la coque	〃	〃	〃	〃	

CERTIFIÉ ledit jour par le soussigné

N.° 7.

ÉTAT DE MOUVEMENT de l'Hôpital de
du de 178

OFFICIERS, ou traités comme tels. // SOLDATS & autres......... // } ... // SERVANS, nourris en nature......... // ... //	PESÉES DE LA VIANDE. { du matin.... // du soir..... // .... // Bouillons maigres........ //

NOMS des RÉGIMENS.	RESTANS le MATIN.	ENTRÉS pendant le JOUR.	SORTIS pendant le JOUR.	MORTS pendant le JOUR.	RESTANS le SOIR.	FIÉVREUX.	BLESSÉS.	VÉNÉRIENS.
	... // ..	... // ..	... // ..	... // ..	... // ..	.. // ..	.. // ..	.. // .
	...... //		.... //			...... //		

CERTIFIÉ par nous, Directeur dudit Hôpital.

VU par nous, Contrôleur dudit Hôpital.

N.° 8.

MOIS de JUILLET & AOÛT 178

HÔPITAL

ÉTAT DES JOURNEÉS des Soldats, restoient le dernier du mois de Juin à l'Hôpital ou qui y sont morts pendant les mois de Juillet

S A

NOMS des COMPAGNIES.	NOMS de BAPTÊME, FAMILLE & GUERRE.	LIEUX de naissance, & JURIDICTION.	GRADES des MALADES.	NATURE des MALADIES.
	RÉGIMENT DE PICARDIE.			
GRENADIERS....	....	....	Fourrier....	Blessé......
	....	....	Grenadier...	Fiévreux....
	....	....	Tambour ...	Vénérien ...
*** FUSILIERS...	....	....	Fusilier.....	Fiévreux....
	Journées du 31, des sortis, évacués & morts....		....	....
	RÉCAPITULATION par Grades.			
	CORPS-ROYAL DE L'ARTILLERIE.			
*** CANONNIERS.	....	....	Sergent ord.re	Blessé......
	....	....	Appointé ...	Fiévreux....
	....	....	Canonnier....	Vénérien....

D

Cavaliers, Dragons & autres, Malades, Fiévreux, Blessés & Vénériens, qui
Militaire d *de ceux qui y sont entrés, qui en sont sortis*
& Août, & de ceux qui y restent le 1.er du présent mois de Septembre.

VOIR :

JOURS DES				JOURNÉES des RESTANS pour *Mémoire.*	JOURNÉES des SORTIS ET MORTS.			PRIX de la RETENUE.	MONTANT de la RETENUE.
ENTRÉE.	SORTIE Par BILLET.	SORTIE Par Évacuation.	MORT.		FIÉVREUX.	BLESSÉS.	VÉNÉRIENS.		
16 Juin.	1.er Août	″	″	″	″	45	″	″ 8^{s} 6^{d}	19^{tt} 2^{s} 6^{d}
16 Août	R.	″	″	16	″	″	″	″ ″ ″	″ ″ ″
16 Juill.	″	16 Août	″	″	″	″	30	″ 5. 6.	8. 15. ″
16 Juill.	″	″	16 Août	″	30	″	″	″ 5. ″	7. 10. ″
......	......	......	......	....	1	1	1	″ ″ ″	″ ″ ″
	1.	1.	1.	16	31	46	31		35. 7. 6.
						108.			
16 Juin.	......	16 Juill.	......	....	....	30	....	″ 19. 2.	28. 10. .
16 Juin.	16 Juill.	......	......	....	30	....	....	″ 10. 8.	16. ″ ″
16 Juin.	......	......	16 Juill.	....	....	....	30	″ 5. 10.	8. 15. ″
	1.	1.	1.	″	30	30	30		53. 5. ″

NOMS des COMPAGNIES.	NOMS de BAPTÊME, FAMILLE & GUERRE.	LIEUX de leur naissance, & JURIDICTION.	GRADES des MALADES.	NATURE des MALADIES.
		De l'autre part.....	....	....
	Suite du *CORPS-ROYAL* *DE L'ARTILLERIE.*			
*** BOMBARDIERS..	M.***	....	Capit. en sec.d	Blessé......
*** SAPEURS....	M.***	....	Cadet-gentilh.me	Blessé......
*** RECRUES...	....	....	Recrue.....	Vénérien....
	Sortie, au compte du Régiment........ 1		....	....
	Sépulture, au compte du Régiment...... 1		....	....
	Journées du 31, au compte du Roi, dont 2 d'Off.ers		....	....
	RÉCAPITULATION par Grades.			
	DIFFÉRENS SERVICES DE L'ARMÉE.			
FOURRAGES.....	....		Journalier...	Fiévreux....
	1 Sortie............................		....	....
	1 Journée du 31.....................		....	....
VIVRES.........	....		Garde-magasin..	Fiévreux....
	1 Sépulture.........................		....	....
	1 Journée du 31.....................		....	....

Jours des Entrée.	Sortie Par Billet.	Sortie Par Évacuation.	Mort.	Journées des Restans pour *Mémoire*.	Journées des Sortis et Morts. Fiévreux.	Blessés.	Vénériens.	Prix de la Retenue.	Montant de la Retenue.
	1	1	1		30	30	30	″ ″ ″	53 l. 5 s. ″ d.
16 Juin.			16 Juill.		″	30	″	2. 14. 6	81. 15. ″
16 Juin.	16 Juill.				″	30	″	″ 12. ″	18. ″ ″
16 Juin.	16 Juill.				″	″	30	1. 3. 3	34. 17. 6.
									″ 6. ″
									2. ″ ″
					1	3	2		″ ″ ″
	3	1	2		31	93	62		190. 3. 6.
						186.			
16 Juin.	16 Juill.	″	″		30	″	″	1. 3. 3	34. 17. 6.
						″	″	″ 6. ″	″ 6. ″
					1	″		″ ″ ″	1. 3. 3.
	1	″	″		31	″	″		36. 6. 9.
16 Juin.			16 Juill.		30	″	″	2. 14. 6	81. 15. ″
					″	″	″	2. ″ ″	2. ″ ″
					1				2. 14. 6.
	″	″	1	″	31	″	″		86. 9. 6.

RÉCAPITULATION par genre de maladies des Journées, Sorties

RÉGIMENS.	JOURNÉES des RESTANS pour *Mémoire*.	NOMBRE DES							
		FIÉVREUX.				BLESSÉS.			
		SORTIS.	ÉVACUÉS.	MORTS.	JOURNÉES.	SORTIS.	ÉVACUÉS.	MORTS.	JOURNÉES.
PICARDIE...	16.	......	......	1.	31.	1.	......	......	46.
ROYAL ARTILLERIE	......	1.	......	......	31.	1.	1.	1.	93.
FOURRAGES...	......	1.	......	......	31.	......	......	......	......
VIVRES......	......	......	......	1.	31.	......	......	......	......
	16.	2.	......	2.	124.	2.	1.	1.	139.

4. .... 4. ....

11.

VÉNÉRIENS.				TOTAL DES					
Sortis.	Évacués.	Morts.	Journées.	Sortis.	Évacués.	Morts.	Journées d'Officiers, ou traités comme tels.	Journées Soldats, ou, &c.	Montant des Retenues.
......	1.	......	31.	1.	1.	1.	....	108.	35# 7s 6d
1.	......	1.	62.	3.	1.	2.	62.	124.	190. 3. 6.
......	......	......	......	1.	......	......	....	31.	36. 6. 9.
......	......	......	......	......	......	1.	31.	....	86. 9. 6.
1.	1.	1.	93.	5.	2.	4.	93.	263.	348. 7. 3.
.... 3.				11.			356.		

MONTANT DE LA DÉPENSE.

Les 93	journées d'Officiers, à raison de prix réglé...........	186# //s /d
Les 263	journées de Soldats, à raison de *idem*	210. 8. //
356.		
Les 5	sorties à 6s	1. 10. //
Les 4	sépultures à 2#	8. // //
	Produit des journées, sorties & morts..............	405. 18. //
	A retenir aux Troupes..............................	348. 7. 3.
	Reste au compte du Roi.............................	57. 10. 9.

MOIS D

APPOINTEMENS ET

ÉMARGEMENS.	GRADES.	NOMS.
	Commis aux Salles..	***...............
	Chirurgien-aide-major.....	***...............
	Idem. Sous-aide.........	***...............
	Idem. Élève...........	***...............
	Idem, idem...........	*** ....
	Apothicaire-Sous-aide-major.	***...............
	Idem. Élève	***...............
	Portier	***...............
	Infirmiers...............	***...............
		***...............
		***...............
		***...............
		***...............

NOURRITURE DES

LES 806 journées de nourriture des Servans, à 16 sous..

RAPPORT de la Dépense restante au compte du Roi, des

TOTAL DE LA DÉPENSE relative au traitement

GAGES DES SERVANS.

Jours des Entrée.	Jours des Sortie.	Journées Sans Nourriture.	Journées Avec Nourriture.		Traitement par mois.	Sommes payées.		Observations.
R. 1.er Juill.	R. 1.er Sept.	....	....	62.	18₶ ″s ″d	....	36₶ ″s ″d	
R. *Idem.*	.. R. ...	....	62.	248.	24. ″ ″	48₶	162. ″ ″	
.. R. ...	.. R. ...	....	62.		21. ″ ″	42.		
.. R. ...	.. R. ...	....	62.		18. ″ ″	36.		
.. R. ...	.. R. ...	....	62.		18. ″ ″	36.		
.. R. ...	.. R. ...	....	62.	124.	21. ″ ″	42.	78. ″ ″	
.. R. ...	.. R. ...	....	62.		18. ″ ″	36.		
.. R. ...	.. R. ...	....	62.	372.	12. ″ ″	24.	124. ″ ″	
.. R. ...	.. R. ...	....	62.		10. ″ ″	20.		
.. R. ...	.. R. ...	....	62.		10. ″ ″	20.		
.. R. ...	.. R. ...	....	62.		10. ″ ″	20.		
.. R. ...	.. R. ...	....	62.		10. ″ ″	20.		
.. R. ...	.. R. ...	....	62.		10. ″ ″	20.		
				806.			400. ″ ″	
SERVANS.								
....							644.16. ″	
							1044.16. ″	
journées de Malades........................							57.10. 9	
des Malades au compte du Roi................							1102. 6. 9	

RESTANS AU DERNIER				ENTRÉS PENDANT LES MOIS D				SOR PENDANT LES D	
FIEVREUX.	BLESSÉS.	VÉNÉRIENS.	TOTAL.	FIÉVREUX.	BLESSÉS.	VÉNÉRIENS.	TOTAL.	FIÉVREUX.	BLESSÉS.
... // ..	.. //...	.. //...	.. //..	.. 5...	.. 4...	.. 3...	.. 12..	.. 2...	.. 3...

JE soussigné Directeur de l'Hôpital militaire d
tenu par ledit Hôpital. FAIT à

JE soussigné Contrôleur de l'Hôpital militaire d
que je tiens des Entrans, Sortans & Morts. FAIT à

VU, vérifié & arrêté par nous Commissaire des guerres, le présent État, à la sortis & morts, & à la quantité de & Infirmiers, à la somme de à retenir aux Troupes, le jour du mois d

VU & vérifié par nous Commissaire mil sept cent quatre-vingt-

TIS DITS MOIS		MORTS PENDANT LESDITS MOIS D				RESTANS AU PREMIER DU MOIS D			
VÉNÉRIENS.	TOTAL.	FIÉVREUX.	BLESSÉS.	VÉNÉRIENS.	TOTAL.	FIÉVREUX.	BLESSÉS.	VÉNÉRIENS.	TOTAL.
.. 2...	.. 7...	.. 2...	.. 1...	.. 1...	.. 4...	.. 1...	.. //...	.. //...	.. 1...

certifie le présent État véritable, & conforme au Registre

certifie le présent État véritable, & conforme aux Registres

quantité de *journées de Malades*
journées de Servans nourris, montant avec les appointemens & gages desdits Servans
& à celle de *à payer par le Roi. FAIT à*
mil sept cent quatre-vingt-

département d *le* *jour du mois d*

N.° 9.

MOIS

D

178

HÔPITAL MILITAIRE
D

ÉTAT des Sommes payées pour Appointemens & Gratifications aux principaux Officiers de santé, & Employés, frais extraordinaires pour l'entretien des bâtimens, & autres dépenses ordonnées pour le service de l'Hôpital militaire de pendant les mois d 178

SAVOIR.

APPOINTEMENS.

EMARGEMENS.	NOMS.	GRADES.	APPOINTEM.ˢ par MOIS.	MONTANT des APPOINTEMENS.	
	....	Aumônier.....	// ᵗᵗ // ˢ // ᵈ	// ᵗᵗ // ˢ // ᵈ	// ᵗᵗ // ˢ // ᵈ
	....	Premier Médecin	166. 13. 4	// // //	// // //
	....	Second, *idem*...	150. // //	// // //	
	....	Premier Chirurgien.	150. // //	// // //	// // //
	....	Second, *idem*...	125. // //	// // //	
	....	Apothicaire-major..	150. // //	// // //	// // //
	....	Contrôleur....	125. // //	// // //	// // //

De l'autre part . . . . // // // //

GRATIFICATIONS
ACCORDÉES PAR LA COUR.

Au sieur Médecin surnuméraire . . . . // // //
Au sieur Chirurgien . . . . // // //
A Infirmier . . . . . . // // //
} // // //

DÉPENSES EXTRAORDINAIRES.

A Maçon, pour blanchissage de la Salle Saint-Louis . . . . // // //
A Couvreur, pour réparations à la toîture du bâtiment de l'Hôpital... // // //
A Vitrier, pour *idem*, au vitrage des salles . . . . // // //
} // // //

TOTAL DE LA DÉPENSE pour les mois d . . . . . . // // //

JE soussigné, Directeur de l'Hôpital militaire de certifie le présent état de Dépenses véritable, montant à la somme de

FAIT à ce du mois d 178

CERTIFIÉ le présent état véritable, par le soussigné Contrôleur dudit Hôpital.

FAIT à le du mois d 178

VU & vérifié par nous Commissaire des guerres, le présent état

de Dépenſes, ſur les pièces juſtificatives, & arrêté à la ſomme de

FAIT à le du mois d 178

VU & vérifié par nous Commiſſaire du département. A le du mois d 178

HÔPITAL D

MOIS DE JUILLET ET AOÛT 178

ÉTAT des Malades,
de deux mois, à l'Hô
& Août de la présente
Restans, de celles qui
auxquelles on peut

S A

NOMS DES			GRADES.	MORTS.	SORTIS non GUÉRIS.
RÉGIMENS.	COMPAGNIES.	MALADES.			
....	....	....	....	.. 1..	......
....	....	....	....	......	. 1..
....	....	....	....	......	. 1...
....	....	....	....	......	......

NOUS Médecin & Chirurgien-major de l'Hôpital regarde, les rapports ci-dessus véritables.

FAIT à ce

VU par nous Commissaire des guerres charg

Bleſſés & Vénériens morts, ſortis non guéris, & reſtans au-delà
pital militaire d pendant les mois de Juillet
année 178 avec le rapport des maladies & infirmités des
ont néceſſité la ſortie des Malades ſans être guéris, & des cauſes
attribuer la mort de ceux qui ſont décédés.

VOIR :

RESTANT au-delà de deux mois.	DESTINATIONS demandées pour ceux qui ont beſoin d'un changement d'air.	GENRES de MALADIES.	RAPPORT SOMMAIRE des MALADIES ET INFIRMITÉS.
.....	....	Fiévreux.....	....
.....	....	*Idem.*	....
.....	....	Bleſſés.......	....
.. 1..	....	Vénériens....	....

d attestons, chacun en ce qui nous

178

de la police dudit Hôpital.

www.ingramcontent.com/pod-product-compliance
Ingram Content Group UK Ltd.
Pitfield, Milton Keynes, MK11 3LW, UK
UKHW020606180726
13838UKWH00001B/449

9 782329 461007